D1918724

Advent und Weihnachten
mit Legematerial gestalten

Verlag
Junge
Gemeinde

DON
BOSCO

Peter Hitzelberger

Advent und Weihnachten

mit Legematerial gestalten

Verlag
Junge
Gemeinde

DON
BOSCO

Gerne nehmen wir Ihre Anregungen, Wünsche, Kritik oder Fragen entgegen:
Verlag Junge Gemeinde, Postfach 100355, 70747 Leinfelden-Echterdingen
E-Mail: vertrieb@junge-gemeinde.de
Telefon: 0711-99078-0

Bibliografische Informationen der Deutschen Nationalbibliothek
Die Deutsche Nationalbibliothek verzeichnet diese Publikation in der Deutschen Nationalbibliografie, detaillierte bibliografische Daten sind im Internet über http://dnb.d-nb.de abrufbar.

1. Auflage 2022

Fotos: Dominik Hafenmaier, Stuttgart; Verlag Junge Gemeinde
Umschlaggestaltung: Finken & Bumiller, Stuttgart
Gestaltung und Satz: Olschewski Medien GmbH, Stuttgart

Druck und Bindung: Finidr s.r.o., Lípová 1965,
737 01 Český Těšín, Tschechische Republik
Verlag: Verlag Junge Gemeinde E. Schwinghammer GmbH & Co. KG,
Leinfelden-Echterdingen

junge-gemeinde.de
ISBN 978-3-7797-2160-4 (Verlag Junge Gemeinde)
ISBN 978-3-7698-2552-7 (Don Bosco)

Zur schnellen Orientierung

Zum Text

Die Kinder und das Thema

Erzählung

Mit Kindern ins Gespräch gehen

Liturgie

Inhalt

Abkürzungen

EG: Evangelisches Gesangbuch

GL: Gotteslob (katholisches Gesangbuch)

KuS: Kommt und Singt, 2015, Gütersloher Verlagshaus, Gütersloh

Einführung

Von der Advents- und Weihnachtszeit erwarten wir uns immer recht viel. Neben etwas mehr Ruhe und Besinnung wollen wir uns auch an angenehme Eindrücke und Erlebnisse aus Kindertagen erinnern; und vieles mehr. Bei Kindern kommt die Vorfreude auf das nächste Türchen am Adventskalender und die Geschenke zu Nikolaus und Weihnachten noch hinzu.

Erwartungen an diese besondere Zeit haben auch diejenigen, die zu der Botschaft von der Geburt des göttlichen Kindes keinen großen Zugang haben. Selbst Angehörige anderer Religionen können sich dem nicht entziehen. So ist in den meisten Ländern und Kulturen unsere Vorstellung von Weihnachten mit Glitzersternen und verschneiter Winterlandschaft heimisch geworden.

Die Erwartungen an diejenigen, die besinnliche Momente und Weihnachtsfeiern in dieser Zeit gestalten sollen, sind oft hochgesteckt. Es sollen ansprechende Rituale sein. Vor allem für die Herzen der Kinder soll etwas geboten sein, möglichst so, dass es ebenso die Erwachsenen ergreift.

Auch die Erwartungen derjenigen, die andere Menschen durch die Advents- und Weihnachtszeit begleiten, an sich selbst sind groß. Schließlich kann nicht schon wieder dasselbe wie im letzten Jahr gebracht werden, egal ob im Kindergottesdienst, beim Familiennachmittag, im Seniorenkreis, in der Kita oder Schule. Dennoch ist es immer die gleiche Weihnachtsgeschichte – und deren Kern soll erhalten bleiben. Keine einfache Aufgabe also Advent und Weihnachten zu gestalten.

Dieses Buch erzählt Geschichten aus der Kindheit Jesu, wie sie uns im Lukas- und im Matthäusevangelium überliefert sind. Es sind Geschichten von Erwartung und neuem Anfang. Es sind Verkündigungsgeschichten. Verkündet wird eine unglaubliche Botschaft: Gott wird Mensch. Gott kommt herunter in unsere Welt und Zeit. Er macht sich klein und verletzlich. Er verliert seine göttliche Erhabenheit aus Liebe zu uns Menschen. Kann das geglaubt werden?

Was bleibt uns aber, wenn wir das nicht glauben, dass wir von diesem Gott so sehr geliebt sind? Das Wunder der Menschwerdung ist ebenso groß und wunderbar wie die Auferstehung Jesu von den Toten. Das kommt in den Erzählungen und in den Vorschlägen zur Liturgie zur Sprache.

Die Gestaltung mit Legematerial soll das Erzählte für die Augen sichtbar machen und eröffnet Möglichkeiten zum Mitmachen. Letztendlich soll das Erzählte und Erlebte zum Dank und Lobpreis führen. Deshalb werden zu jeder Erzählung zusätzliche Gebete, Lieder und meditative Elemente vorgeschlagen.

Neben dem haptischen Eindruck will das verwendete Material die Wertigkeit des Erzählten unterstreichen. Deshalb wurde für die Figuren hochwertiges Filzmaterial gewählt. Es wird mit diesem Buch und weiteren Grundmaterialien in einer Erzähltasche zu Advent und Weihnachten angeboten. Selbstverständlich können Sie auf Holzkegelfiguren oder andere übliche Figuren ausweichen, die Sie zur Hand haben.

Die Tasche enthält neben diesem Buch und dem Legematerial auch das Kartenset „Sternenweg nach Bethlehem“, das für jeden Tag der Adventszeit bis zum Weihnachtsfest Vorschläge für die Gestaltung eines thematischen Impulses oder einer kleinen Feier enthält.

Mit diesem Gesamtangebot hoffe ich, dass Sie frohgemut in die Advents- und Weihnachtszeit starten und gerne diese Botschaft von der Menschwerdung Gottes weiterzählen und feiern.

Peter Hitzelberger

In den Erzählungen von der Geburt in Bethlehem schlage ich vor, das Jesuskind mit einem Glasnugget als Kopf und einer Feder als Körper zu symbolisieren. Kleben Sie die Feder mit dem Kiel auf der glatten Rückseite mit einem Klebestreifen an, wie auf dem Foto zu sehen ist.

Materialien in der Erzähltasche für Advent und Weihnachten

- Buch „Advent und Weihnachten mit Legematerial gestalten“
- Kartenset „Sternenweg nach Bethlehem“ (55 Impulskarten und 24 Sterne im Karton)

- grünes Rundtuch (ca. 88 cm Durchmesser)
- rotes, gelbes, grünes und blaues Legetuch
- zwei braune Filzstreifen
- gelber Filzkreis mit 3 Filz-Sonnenstrahlen
- rote und gelbe Kordel
- Chenilledraht
- Filzsteine (3 Stück)
- Altar/Tisch aus Filz
- Wolken aus Filz (3 Stück)
- Holzstäbe (20 Stück)
- Strahlenzacken mit Teelicht (2 Stück)
- Brunnen
- Wasserkrug aus Ton
- Tontopf
- Flauschfedern
- Glasnugget (goldgelb)
- Kamele aus Filz (3 Stück)
- Schafe aus Filz (5 Stück)

- Personen aus Filz (24 Stück):
  - Zacharias/Herodes (Figur aus bordeauxfarbenem Filz)
  - Elisabeth/Hanna (Figur aus grünem Filz)

- Maria (Figur aus königsblauem Filz)
- Josef (Figur aus rostbraunem Filz)
- Simeon (Figur aus grünem Filz)
- Priester (3 Figuren aus rotem Filz)
- Engel (4 Figuren aus gelbem Filz)
- Volk/Menschen (3 Paare aus mangofarbenem Filz)
- Hirten (3 Figuren aus rostbraunem Filz)
- Sterndeuter (3 Figuren aus königsblauem Filz)

Zacharias/Herodes

Elisabeth/Hanna

Maria

Josef

Simeon

Priester

Engel

Jesuskind

Frauen

Männer

Hirten

Sterndeuter

ADVENTLICHE MENSCHEN

Zacharias

Lukas 1,5-25

Zum Text

Zacharias ist Priester am Tempel in Jerusalem. In der Erzählung steht er stellvertretend für das Volk Israel, das schon lange auf den Messias wartet.
Zacharias kennt sich aus mit Gott. Er verrichtet in Treue seinen Dienst im Tempel. Er führt ein rechtschaffenes Leben mit seiner Frau Elisabeth.

Der Ruf Gottes trifft ihn trotzdem unerwartet. Denn er rechnet nicht mehr mit der Erfüllung seines sehnlichsten Wunsches. Elisabeth und Zacharias haben sich immer Kinder gewünscht. „Jetzt“, denkt Zacharias, „ist es zu spät“.

Aber – unglaublich – gerade jetzt begegnet ihm Gottes Engel. Kein Wunder, dass Zacharias es einfach nicht glauben kann. Er will ein Zeichen von Gott. Und er bekommt ein Zeichen: Zacharias „verstummt“. Es verschlägt ihm buchstäblich die Sprache. Er kann das Volk nachher nicht mehr segnen, wie es die Tempelliturgie von ihm erwartet. Damit wird sein Unglaube „öffentlich“.

Erst später wird er ein beredtes Zeugnis von Gottes Wundertaten ablegen können (Lukas 1,67-80).

Die Kinder und das Thema

Das Thema „unerfüllter Kinderwunsch“ ist nicht nur ein Thema von Paaren. Mancherlei Kinder wünschen sich ein Geschwisterkind.

Wie groß die Freude ist, wenn ein lang gehegter Wunsch sich erfüllt, kennen Kinder aus ihrem Erleben. Über Wünsche lässt sich mit den Kindern leicht ins Gespräch kommen. Ob diese Wünsche erfüllt wurden oder ob diese „unerfüllt“ sind, lässt sich sicherlich mit den Kindern leicht besprechen.

Im Text geht es aber ebenso um die Gottesbeziehung und eigene Wünsche. Auch da können Kinder Erfahrungen haben, die behutsam angesprochen werden können. Denn das Theodizee-Problem stellt sich nicht nur Erwachsenen: Wird meine Mama wieder gesund werden? Hilft Beten in einem konkreten Anliegen wirklich? Ist Gott lieb, wenn wir einen unserer Angehörigen begraben müssen?

Theodizee ist die Frage, wie gerecht Gott gegenüber Menschen ist; wie gerecht Gott gegenüber Unschuldigen ist. Kann Gott es zulassen, dass die Eltern eines jungen Kindes sterben? Und viele weitere solcher Fragen.

Zacharias hat die Hoffnung aufgegeben. Wenn Gott ihm einen Sohn schenkt, so kann das Hoffnung geben, dass ein Warten sich lohnt. Wenn uns schmerzliche Erfahrungen „stumm“ machen, es kommt auch die Zeit, in der wir wieder reden können.

Material

- brauner Filzstreifen (2 Stück)
- rotes und blaues Legetuch
- gelber Filzkreis
- Zacharias (Figur aus bordeauxfarbenem Filz)
- Elisabeth (weibliche Figur aus grünem Filz)
- Holzstäbe
- Priester (3 Figuren aus rotem Filz)
- Altar aus Filz
- Wolke aus Filz
- Engel (Figur aus gelbem Filz)
- Volk/Menschen (drei Paare aus mangofarbenen Filz)
- Würfel (nicht Bestandteil der Erzähltasche für Advent und Weihnachten)

Erzählung

Es werden 2 braune Filzstreifen als Weg gelegt.

Auf dem Weg nach Jerusalem

Zacharias ist auf dem Weg nach Jerusalem.

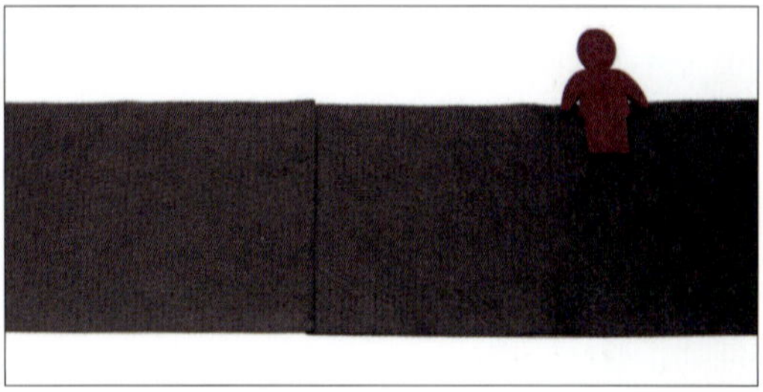

Die Figur des Zacharias wird an den Anfang der braunen Filzstreifen gelegt.

Jerusalem ist eine große Stadt.

Am anderen Ende der Filzstreifen wird ein rotes Tuch gelegt.

In Jerusalem steht das Haus Gottes, der Tempel.

In die Mitte des roten Tuches wird ein gelber Filzkreis gelegt (s. Foto S. 18).

Zacharias ist Priester am Tempel.

Das Gehen fällt Zacharias heute schwer.

Die Figur des Zacharias in Richtung Jerusalem bewegen.

Immer wieder bleibt Zacharias nachdenklich stehen. Er denkt an den Abend gestern. Wie so oft hatte er lange mit seiner Frau Elisabeth darüber gesprochen, warum Gott ihnen keine Kinder geschenkt hatte. Traurig hatten sie sich dann schlafen gelegt. „Jetzt ist es zu spät", denkt Zacharias, „wir sind alt. Gott hat unsere Gebete nicht erhört."

Figur des Zacharias bis zum Beginn des roten Tuches bewegen.

Endlich ist Zacharias in Jerusalem angekommen. Er geht zu der Herberge, in der er immer übernachtet, wenn er im Tempel Dienst hat.

➜ *Aus Holzstäben ein Haus als Herberge legen. Die Figur das Zacharias hineinstellen.*

Müde sitzt Zacharias in seinem Zimmer. Morgen beginnt sein Dienst im Tempel, zusammen mit den anderen Priestern, die dort eingeteilt sind.

Das Los fällt auf Zacharias

Am nächsten Morgen treffen sich alle Priester.

➜ *3 Priester-Figuren und Zacharias vor den gelben Filzkreis legen.*

Sie werfen wie immer das Los, wer von ihnen in das Heilige darf, um das Rauchopfer darzubringen.

➜ *Einen Würfel zu den Priestern legen.*

Das Los fällt zum ersten Mal in seinem Leben auf Zacharias. Zacharias ist erstaunt. Damit hatte er nicht gerechnet. Der Hohepriester reicht Zacharias ein Gefäß mit einer kostbaren Weihrauchmischung. Dann bekommt er noch eine Öllampe mit. Damit wird er den Weihrauch auf dem Altar entzünden. Nun steigt Zacharias mit bedächtigen Schritten die Stufen des Tempels hinauf. Er atmet nochmals tief durch. Dann betritt Zacharias den dunklen Innenraum des Tempels.

➔ *Figur des Zacharias langsam in den gelben Kreis bewegen.*

Er geht zum Altar des Heiligsten.

➔ *Altar hineinlegen.*

Zacharias legt den Weihrauch in die Mitte der Steinplatte des Altars. Er hält die Flamme seiner Öllampe daran. Bald steigt der erste Rauch auf. Dann fängt der Weihrauch zu glühen an. Zacharias hebt seine Hände nach oben. Er beginnt zu beten: „Wohl denen, die in deinem Haus wohnen; die dein Lob auf ihren Lippen tragen. Du hast unser Volk aus Ägypten befreit. Du schützt und segnest dein Volk bis heute …“

Ein Engel erscheint Zacharias

Da stutzt Zacharias. Im Rauch, der vor ihm aufsteigt, beginnt es zu leuchten.

➔ *Engelfigur mit der Wolke nahezu verdeckt oberhalb des Altars ablegen.*

Eine blendend helle Gestalt erscheint über dem Altar.
Zacharias schließt seine Augen.

→ *Wolke wegnehmen.*

Er öffnet sie wieder. Die Gestalt vor ihm erscheint jetzt völlig klar. Ist es eine Einbildung?
Zacharias bekommt es mit der Angst zu tun. Er reißt seine Augen weit auf und hält den Atem an. Dann muss er mit den Händen seine Augen schützen. Zu hell ist das Licht, das von der Gestalt ausgeht.

Zacharias fürchtet sich sehr. Er lässt sich auf die Knie fallen. Da hört er eine Stimme. So hatte sich Zacharias immer die Stimme eines Engels vorgestellt.
Ganz freundlich spricht sie ihn an:
„Fürchte dich nicht, Zacharias! Gott hat eine gute Nachricht für dich und deine Frau. Gott hat eure Gebete erhört. Elisabeth wird einen Sohn bekommen. Die lange Zeit eures Wartens ist bald vorbei. Mit ihm beginnt eine neue Zeit, nicht nur für euch, sondern für das ganze Volk Israel."

Zacharias hört die Worte des Engels, aber er kann sie nicht begreifen. Darum fragt Zacharias:
„Elisabeth soll schwanger sein und ein Kind bekommen? Wir sind alte Leute, das kann also gar nicht wahr sein. Woran soll ich merken, dass du die Wahrheit sagst?"
Die Stimme antwortet Zacharias:
„Du glaubst mir nicht? Ich bin der Engel Gabriel. Gott hat mich zu dir geschickt. Aber weil du zweifelst, soll das für dich das Zeichen sein: Du wirst verstummen, bis dein Sohn geboren ist."

Zacharias schaut betreten zu Boden.

➔ *Engelfigur wegnehmen.*

Als er wieder aufblickt, ist der Engel verschwunden. Zacharias ist ganz verwirrt. Aber er spürt auch eine Freude in sich. „Ich bekomme einen Sohn. Wie wird sich Elisabeth freuen."
Nach einem Dankgebet verlässt Zacharias das Heiligste des Tempels.

➔ *Zacharias an den Rand des gelben Kreises legen.*

Zacharias will das Volk segnen

Die Sonne blendet Zacharias, als er ins Freie kommt. Er bleibt einen Moment stehen. Das Volk sammelt sich um ihn.

➔ *Menschenfiguren um Zacharias und die Priester legen.*

Alle wollen möglichst nahe dabei sein, wenn Zacharias ihnen den Segen Gottes zuspricht. Jetzt hebt Zacharias seine Arme in die Höhe. Die Menschen werden still. Zacharias öffnet den Mund, aber kein Ton will aus ihm herauskommen.
Erstaunt lässt Zacharias seine Arme sinken. Zacharias bleibt stumm. Aber in seinem Herzen spürt Zacharias eine Welle des Glücks.

„Wenn ich nicht mehr sprechen kann, dann hat der Engel die Wahrheit gesagt. Wir bekommen ein Kind. Gott ist groß."
Die Menschen sehen wie das Gesicht von Zacharias strahlt. Etwas Besonderes muss im Tempel mit ihm passiert sein. Sie machen ihm Platz, als er jetzt die Stufen des Tempels herunterkommt. So etwas haben sie noch nie erlebt.

Zacharias geht nach Hause

Zacharias kann es kaum erwarten, Elisabeth alles zu erzählen.
Aber sein Dienst im Tempel dauert noch ein paar Tage.

➙ *Figuren der Priester und der Menschen wegnehmen. Zacharias wieder in gelben Kreis legen.*

Er versucht, alles so gut zu machen, wie sonst auch. Aber in seinen Gedanken ist er bei Elisabeth und bei dem, was sie beide mit der Schwangerschaft und dem Baby erwarten wird.

➙ *Blaues Tuch als Haus an den Anfang des braunen Filzstreifens legen. Figur der Elisabeth ins Haus legen.*

Endlich sind die Tage vorbei. Er packt seine Sachen und macht sich auf den Heimweg. Wie leicht ihm der Weg plötzlich fällt. Wie verändert doch alles für ihn ist.
„Wir bekommen ein Kind. Gott ist groß."

Immer wieder will Zacharias diese Worte den Menschen laut zurufen, die ihm unterwegs begegnen.

→ *Einzelne Menschen an Zacharias vorbeibewegen. Zacharias dabei näher zu Elisabeth schieben.*

Aber Zacharias kann nicht reden. Doch sein Gesicht strahlt vor Glück. Das sehen die Menschen. Sie schauen ihm immer wieder verwundert nach. Zacharias hat es eilig, er will rasch nach Hause kommen.

→ *Figur des Zacharias allmählich zu seinem Haus schieben.*

Endlich sieht er sein Dorf vor sich. Dann sein Haus. Er stürmt hinein.

→ *Figur des Zacharias ins Haus neben Elisabeth legen.*

Elisabeth steht in der Küche. Sie schaut ihn verwundert an. Zacharias nimmt seine Frau in den Arm.

→ *Figur des Zacharias mit dem Arm über den Arm von Elisabeth legen. Die Köpfe können sich berühren.*

Doch noch einen Sohn

Elisabeth sagt lachend zu ihm: „Nicht so stürmisch. Freust du dich so, wieder zu Hause zu sein?“ Zacharias holt eine Wachstafel und schreibt.

→ *Figuren von Elisabeth und Zacharias liegen wieder getrennt voneinander.*

Elisabeth wundert sich. Dann liest sie, was er geschrieben hat:
„Wir bekommen einen Sohn.“

→ *Hier kann die Erzählung mit der dritten Frage unterbrochen werden.*

„Bist du jetzt verrückt geworden?“, sagt sie. Aber als sie in seine glücklichen Augen schaut, weiß sie, etwas Großes muss passiert sein. Zacharias braucht lange, bis er alles aufgeschrieben hat, was er Elisabeth zu erzählen hat.
Elisabeth staunt. Beide haben Tränen in den Augen.
Elisabeth sagt: „Großes hat der Herr an uns getan.“
Zacharias nickt und beginnt mit ihr zu tanzen.

→ *Figur des Zacharias mit dem Arm über Arm der Elisabeth legen. Die Köpfe berühren sich jetzt aber nicht mehr.*

Mit Kindern ins Gespräch gehen

- Was wundert euch an der Geschichte?
- Was findet ihr ganz wichtig an der Geschichte?
- Stellt euch vor, ihr wärt Elisabeth:
  Was würdet ihr zu Zacharias sagen, der euch erzählt, was er erlebt hat?
  (Diese Frage wird am besten vor dem letzten Abschnitt der Erzählung gestellt.)
- Warum ist Zacharias eine Figur, die gut zum Advent passt?

Liturgie

Gebet vor der Erzählung
Herr Jesus Christus,
auf etwas zu warten, fällt uns nicht leicht.
Lebkuchen und Zimtsterne gibt es schon lange zu kaufen.
Unsere Straßen sind bereits weihnachtlich beleuchtet.
Alle: Lehre uns zu warten.

Wir haben gute Vorsätze für den Advent.
Wir wollen mehr Zeit haben für die Familie.
Wir wollen uns Zeit nehmen für etwas Besinnung.
Wir wollen uns Zeit nehmen, zu warten.
Alle: Lehre uns zu warten.

Warten – das möchten wir wieder lernen.
Warten auf etwas, das noch nicht gekommen ist.
Warten auf etwas, was uns nicht zur Verfügung steht.
Warten auf etwas, das uns geschenkt wird.
Alle: Lehre uns zu warten.

Lass uns gespannt warten auf dein Kommen.
Schenke uns wache Augen und Ohren,
damit wir es merken, wenn du kommst.
Alle: Lehre uns zu warten. Amen.

Gebet nach der Erzählung
Guter Gott, für dich ist nichts unmöglich.
Das lange Warten hat sich für Zacharias gelohnt.
Du hast dich seiner erbarmt. Das hat Zacharias erfahren.
Lass auch uns gespannt sein,
womit du uns in diesen Wochen bis Weihnachten beschenken willst.
Gib du uns deinen Segen, dass es eine gute Zeit für uns wird,
eine erfüllte Zeit des Wartens.
Alle: Amen.

Lied: Kündet allen in der Not (GL 221)
Oder: Das Volk, das noch im Finstern wandelt (EG 20)

Meditation
Ein Engel kann uns begegnen, plötzlich und unerwartet.
Wenn wir im letzten Moment vor Gefahren bewahrt werden.
Wenn etwas, das uns schwer auf der Seele liegt, wunderbar gelöst wird.
Wenn wir einen Gesprächspartner finden, der uns endlich einmal zuhört.

Ein Engel kann uns begegnen, plötzlich und unerwartet.
Wenn unsere Lebenspläne durcheinandergewirbelt werden.
Wenn wir uns völlig aus der Bahn geworfen fühlen.
Wenn wir unsere Hoffnungen längst begraben glauben.

Ein Engel kann uns begegnen, plötzlich und unerwartet.
Wenn uns jemand mit seinem Verhalten völlig überrascht.
Wenn uns jemand begegnet, der unser Leben verändert.
Wenn uns jemand von ganzem Herzen verzeiht.

Ein Engel kann uns begegnen, plötzlich und unerwartet.
Wenn uns etwas gelingt, was wir uns noch nie zugetraut haben.
Wenn uns jemand sagt, dass er uns liebt.
Wenn wir vor Glück tanzen möchten.

Lobgesang

Nach dem Lobgesang des Zacharias (Lukas 1,67-80)

Gelobt sei der Herr, der Gott Israels.
Er hat sein Volk besucht
und es befreit aus der Knechtschaft und Unterdrückung.
Er hat aufgerichtet, die gebeugt waren und klein gehalten wurden.
Er hat seine Versprechen gehalten,
die er seinem Volk gegeben hat durch die Propheten.

Er hat uns nicht im Stich gelassen
in den Bedrohungen und Gefahren unseres Lebens.
Er hat uns bewahrt und errettet.
Seine Barmherzigkeit hat er uns erfahren lassen.
Seine Liebe hat er uns geschenkt.
Er ist der treue Gott,
den unsere Väter und Mütter im Glauben schon gepriesen haben.

Auch wir können ihm unser Lob singen,
für all das Gute und Wunderbare, das er uns geschenkt hat.
Wir dürfen ihm dienen ohne Furcht ein Leben lang,
denn seine Gnade ist über uns ausgegossen.
Seine Liebe und Zuwendung zu uns enden nie.

Er ist das Licht, das alle Finsternis hell macht.
Er ist die Freude, die jede Traurigkeit besiegt.
Er ist der Herr über Leben und Tod.
Ihm zu vertrauen, ist das größte Glück.
Er ebnet die Pfade und schenkt Frieden in Fülle.
Gelobt sei der Herr, der Gott Israels.

Maria

Lukas 1,26-38

Zum Text

Die Erzählung von der Verkündigung der Menschwerdung Gottes an Maria ist ein schönes Beispiel, wie ein Dialog zwischen Gott und Mensch beginnt.

Es ist ein Dialog in gegenseitiger Achtung und Achtsamkeit. Ein Dialog, der auf den Gesprächspartner eingeht und ihn ernst nimmt. Ein Dialog, der die Freiheit des anderen respektiert und wertschätzt.

Maria, diese junge Frau aus Nazareth, begegnet Gott nicht im Tempel, sondern in ihrem Haus. Der Engel tritt bei ihr ein, mitten in ihren Alltag. Sein Gruß ist voller Wertschätzung und Sympathie.

Maria reagiert darauf – wie auch wir oft reagieren, wenn man uns mit solcher Wertschätzung begegnet – sie ist völlig durcheinander: Warum erfahre ich so viel Wohlwollen, solche Zuneigung, solche Liebe?

Dann erfährt sie den Grund für den Besuch des Engels. Das hatte sie sicher nicht erwartet:
„Du wirst schwanger werden und einen Sohn gebären und du sollst ihm den Namen Jesus geben." Der Name bedeutet: Gott rettet.

Auf den Retter, den Messias, wartet das ganze Volk – das weiß auch Maria. Aber auf sie kann Gott doch nicht gewartet haben, um diese große Verheißung zu erfüllen?

Maria wendet das Natürlichste ein. Schwanger kann man als Frau nur werden, wenn man mit einem Mann intim verkehrt. Maria ist Josef zur Ehe versprochen, aber die beiden waren noch nicht zusammengekommen.

Der Engel nimmt den Einwand ernst. Er versucht, ihr den Weg Gottes zu beschreiben: Heiliger Geist wird über sie kommen ... nichts ist für Gott unmöglich.

Maria stellt sich Gott zur Verfügung, auch wenn sie nicht alles versteht. Sie vertraut, dass Gott es gut mit ihr und mit seinem Volk meint.

Die Kinder und das Thema

Wie das Warten ist auch der Umgang mit Unerwartetem ein Lebensthema. Was wäre unser Leben ohne Überraschungen. Sie können uns überwältigen und beglücken. Sie können auch so unerwartet sein, dass sie uns erschrecken. Wenn plötzlich jemand hinter uns auftaucht, dann kann uns selbst eine vertraute Person zunächst einen Schreck einjagen.

Ausgewählt werden: Das kennen Kinder von Mannschaftsspielen. Neben dem Können spielt auch die Anerkennung, die jemand in einer Gruppe hat, eine Rolle, ob jemand zuerst oder zuletzt aufgenommen wird. Um den Torjäger reißen sich beim Fußballspiel beide Mannschaften. Wer nicht gut spielt, wird am Schluss halt missmutig dazu genommen.

Ausgewählt werden, das zeigt, dass ich etwas Besonderes bin. Die Kinder singen gerne das Lied: „Einfach spitze, dass du da bist“, weil auf jeden hingewiesen wird und damit angezeigt wird, dass er dazugehört und willkommen ist.

Für etwas Besonders ausgewählt zu sein: Das gilt nicht nur für Maria. Jede und jeder ist von Gott angesprochen und ausgewählt. Jede und jeder kann etwas in einer Gruppe und zum Gelingen beitragen.

Material

- brauner Filzstreifen
- rotes Legetuch
- Maria (weibliche Figur aus königsblauem Filz)
- Engel (Figur aus gelbem Filz)
- gelbe Kordel
- Wolken *(Sie werden immer wieder auf die Engelfigur gelegt, wenn der Engel nicht spricht. Dadurch soll das Geheimnisvolle bewahrt bleiben. Maria erhält Raum, selbst über das nachzudenken, was ihr durch die Begegnung mit dem Engel geschieht.)*

Erzählung

→ *Es wird ein brauner Filzstreifen als Weg gelegt. An einem Ende wird ein rotes Legetuch als Haus Marias gelegt.*

Ein Engel hat einen besonderen Auftrag

Gabriel, ein Engel Gottes für besondere Aufträge, ist unterwegs.

→ *Engelfigur zeigen und im Kreis herumgeben.*

Heute soll Gabriel Maria aufsuchen.

→ *Figur der Maria den Kindern zeigen und im Kreis herumgeben.*

Gabriel hat Maria eine wichtige Botschaft zu bringen.

➔ *Engelfigur auf den braunen Filzstreifen gegenüber dem Haus der Maria ablegen.*

Maria ist noch sehr jung. „Sicher erwartet sie nicht, dass ein Engel sie aufsucht“, denkt Gabriel.

➔ *Engel auf dem Filzstreifen weiter nach vorne legen.*

„Sie wird erschrecken. Ich muss das Gespräch mit ihr besonders vorsichtig beginnen. Schließlich hängt von ihrer Antwort viel ab.“

➔ *Engel auf dem Filzstreifen noch weiter nach vorne legen.*

Maria wartet auf die Hochzeit mit Josef
Maria sitzt in ihrem Zimmer und strickt.

➔ *Figur der Maria jetzt auf das rote Legetuch legen.*

Der warme Schal für Josef ist schon fast fertig. Maria ist mit Josef verlobt. Josef ist Zimmermann. Die beiden wollen heiraten.
„Aber noch müssen wir warten“, seufzt Maria. Josef will erst seine eigene Werkstatt haben. Maria liebt Josef sehr.
„Er ist ein so fürsorglicher Mensch. Wie schön wird es sein, wenn wir endlich eine Familie sind!“, denkt Maria.

Maria hat Gnade vor Gott gefunden

Inzwischen ist Gabriel in Nazareth angekommen. Er kommt zum Haus, in dem Maria bei ihren Eltern wohnt.

→ *Engel vor das Haus der Maria legen.*

Vorsichtig stellt sich der Engel Gabriel zu Maria.

→ *Engel etwas oberhalb von Maria ins Haus legen.*

Gabriel sagt: „Sei gegrüßt, Maria, du Begnadete, denn Gott ist mit dir."
Erschrocken schaut Maria auf.

→ *Figur der Maria leicht nach oben zum Engel hindrehen.*

Ein warmes, helles Licht umgibt sie.

→ *Eine gelbe Kordel als Kreis um Maria und den Engel legen.*

„Was hat das zu bedeuten? Es ist so viel Liebe, die da auf mich zukommt. Mehr als ich ertragen kann."

→ *Figur der Maria wieder zurückdrehen. Engel mit 2 Wolken bedecken.*

Maria überlegt: „Fühlt man das, wenn man so verliebt ist, wie ich?" Aber vielleicht ist da noch etwas anderes im Raum.

→ *Wolken wegnehmen. Maria wieder leicht zum Engel hindrehen.*

Da hört sie wieder die liebevolle Stimme des Engels:
„Fürchte dich nicht, Maria, du hast Gnade gefunden bei Gott. Dich hat Gott für etwas Besonderes ausgewählt."
Maria ist ganz durcheinander. Wolken wieder auf die Engelfigur legen. Maria wieder zurückdrehen.
„Was soll das Besondere sein?", fragt sie sich, „Ich werde bald mit Josef verheiratet sein. Wir werden ein Ehepaar sein, Kinder haben. Aber sonst wird doch nichts Großes passieren. Schon gar nicht hier in Nazareth. Die Großen und Mächtigen, die sitzen in Jerusalem und vor allem in Rom."

Die Botschaft für Maria
Der Engel Gabriel spricht Maria nochmals an. Maria schaut auf.

→ *Wolken wegnehmen. Maria wieder leicht zum Engel hindrehen.*

Gabriel sagt: „Du wirst jetzt schwanger werden, Maria, und einen Sohn bekommen. Du sollst ihn Jesus nennen. Er wird Rettung von Gott bringen."

→ *Wolken wieder auf die Engelfigur legen.*

„Ja", denkt Maria, „wenn Josef und ich zusammenleben, werden wir ein Kind bekommen. Aber es wird noch dauern. Ein oder zwei Jahre mindestens."

→ *Wolken wegnehmen.*

Der Engel Gabriel spricht weiter: „Jesus wird dir von Gott geschickt. Er wird die Verheißungen an dein Volk erfüllen, wie es die Propheten vorhergesagt haben. Eure Träume vom Leben in Freiheit – wie zu den Zeiten Davids – werden sich erfüllen. So wird es sein, Maria!"

→ *Wolken wieder auf die Engelfigur legen.*

Maria kann nicht glauben, was sie da gehört hat. Der Messias, der Retter Israels soll kommen. Das glaubt sie.
„Aber doch nicht durch mich“, denkt Maria, „dafür bin ich zu unbedeutend. Gott wird sich sicher eine der führenden Familien unseres Volkes aussuchen.“
Laut antwortet Maria auf die Stimme des Engels:
„Wie soll das zugehen? Schließlich bin ich noch gar nicht mit Josef zusammengekommen.“

→ *Wolken wieder wegnehmen.*

Ihren Einwand will der Engel Gabriel sofort zerstreuen:
„Gottes Heiliger Geist wird mit dir sein. Denn Jesus ist der Sohn Gottes. Glaube nur, dass bei Gott nichts unmöglich ist. Übrigens, auch Elisabeth, deine Cousine ist schwanger. Sie haben sich immer ein Kind gewünscht, das weißt du. Und trotz ihres Alters ist es jetzt geschehen. Vertraue auf Gottes Wort, das ich dir bringen darf.“

Maria gibt ihre Antwort

Maria versteht nicht, was sie da hört. Aber sie fühlt sich von dieser himmlischen Gestalt so umfangen, dass sie einfach auf die Knie fällt und sagt:

→ *Figur der Maria leicht horizontal zum Engel drehen.*

„Ich bin die Magd des Herrn. Es soll mir geschehen, wie du es gesagt hast.“

→ *Eine Wolke wieder auf die Engelfigur legen.*

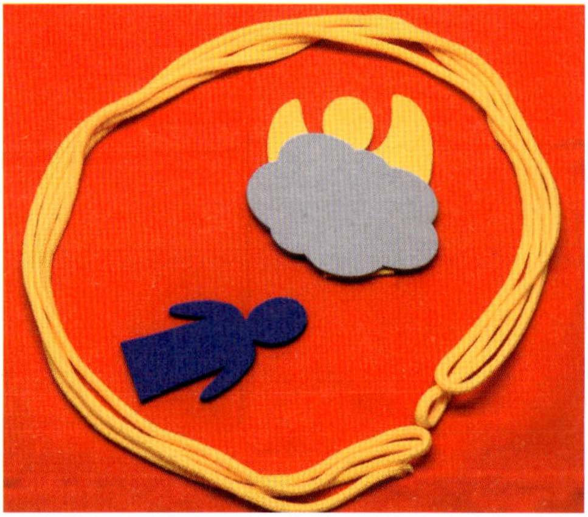

In ihrem Inneren denkt sie: „Bin das ich, die so spricht? Woher kommen mir diese Worte? Was passiert mit mir?“

→ *Engel mit Wolke wegnehmen.*

Der Engel ist verschwunden. Das warme, helle Licht auch. Alles ist, wie es vorher war.
„Was ist noch wie vorher?“, denkt Maria. „Ein Kind kommt zu mir, von Gott geschickt. Fängt so klein die Rettung der Welt an? Mit mir?“
Dann denkt sie an Elisabeth. „Wie schön, dass meine Cousine, endlich ein Kind bekommt. Sie wartet schon so viele Jahre darauf. Niemand hat mehr bei ihr damit gerechnet.“
Maria kann es kaum erwarten, Josef zu erzählen, was sie gerade gehört und erlebt hat.

Mit Kindern ins Gespräch gehen

- Was wundert euch an der Geschichte?
- Was findet ihr ganz wichtig an der Geschichte?
- Stellt euch vor, ihr wärt Josef:
  Was würdet ihr zu Maria sagen, die euch erzählt, was sie erlebt hat.
- Warum passt Maria so gut zum Advent?

Liturgie

Gebet vor der Erzählung
Gott, unser Vater,
wir warten darauf, dass es Weihnachten wird.
Aber noch ist es nicht so weit.
Warum ist es so anstrengend, warten zu müssen?
Schenke uns die Geduld,
erhalte uns aber auch die Spannung.
Der Advent ist eine so schöne Zeit,
erfüllt mit dem Duft und Licht der Vorweihnachtszeit.
Sie lassen uns erahnen, was sein wird,
wenn endlich Weihnachten kommt.
Danke, dass du zu uns kommen willst.
Alle: Amen.

Gebet nach der Erzählung
Gott, unser Vater,
das hatte Maria nicht erwartet:
ein Engel bei ihr zu Hause.
Aber Maria war bereit.
Sie war bereit, sich von dir beschenken zu lassen.
Auch uns beschenkst du mit deiner Liebe und Fürsorge.
Auch uns rettest du aus Gefahren.
Auch uns machst du stark, damit wir Schweres tragen und ertragen können.
Dafür danken wir dir durch Jesus.

Mit seinem Namen „Gott rettet“ gibst du uns ein Versprechen:
Du lässt uns nie allein.
Darauf vertrauen wir und dafür loben wir dich.
Alle: Amen.

Lied: Stell dir vor, zu dir kommt ein Engel

Text und Melodie: Frank Widmann

Josef

Matthäus 1,18-24

Zum Text

Vor allem das Lukasevangelium hat unsere Vorstellung von der Vorgeschichte der Geburt Jesu und diese selbst sehr geprägt. Im Gegensatz zu diesem Evangelium lesen wir bei Matthäus weder etwas von einer Volkszählung noch von einer Geburt im Stall. Josef und Maria scheinen in Bethlehem ansässig zu sein. Erst bei der Rückkehr aus Ägypten lassen sie sich in Nazareth nieder.

Im Evangelium des Lukas erscheint der Engel bei Maria. Bei Matthäus erscheint er Josef, um ihn von seinem Vorhaben abzubringen, sich von Maria zu trennen.

Während Maria auch im weiteren Verlauf des Lebens Jesu auftritt, erfahren wir später von Josef nichts mehr. Lediglich die abfällige Äußerung – Jesus sei doch der Sohn des Zimmermanns (Matthäus 13,55) – erwähnt ihn nochmals.

Warum Matthäus diese Erzählung vom Besuch des Engels an Josef festmacht, hängt mit dem vorgeschalteten Stammbaum Jesu zusammen. Solche Geschlechterregister waren im Judentum als literarische Gattung bekannt. Für den Priesterstamm Levi dienten sie beispielsweise als Nachweis der legitimen Herkunft.

Matthäus möchte deutlich machen, dass Jesus in der Tradition Abrahams und Davids steht. Der Segen den Gott dem Abraham und seinen Nachkommen geschenkt hat und den er mit der Errichtung des Königtums Davids fortsetzte, dieser Segen wird jetzt von Jesus für alle Menschen fruchtbar gemacht. Er ist der neue David, der Gottes Herrschaft zum Durchbruch bringt. Er ist der Messias, der Retter und Befreier Israels, in ihm ist Gott mit uns (Immanuel) wie es – angelehnt an Jesaja 7,14 – in Vers 1,23 heißt.

Josef wird als „gerecht“ bezeichnet (Vers 19). Üblicherweise wird im Judentum jemand als Gerechter bezeichnet, der sich durch große Gesetzestreue hervortut. Josef hält sich aber in seinem Verhalten gegenüber Maria nicht an die gesetzliche Regelung. Er will seine Verlobte wegen der Schwangerschaft, die ihm nicht verborgen geblieben war, nicht in Verruf bringen. Da er mit Maria noch nicht in häuslich-ehelicher Gemeinschaft lebte, musste er vermuten, dass Maria ihm untreu geworden war. Josef will sich ihr gegenüber barmherzig erweisen, damit Maria nicht als Ehebrecherin bestraft wird (5. Mose/Deuteronomium 22,23-29). Er überlegt, ihr in aller Stille einen Scheidungsbrief auszustellen. In seiner Güte erweist er sich als „gerecht“ vor Gott.

Durch den Engel wird ihm geoffenbart, was der Leser schon gleich zu Beginn in Vers 18 erfahren hat, dass Maria durch die Wirkung des Heiligen Geistes schwanger wurde. Die göttliche Herkunft Jesu ist dem Evangelisten Matthäus sehr wichtig. Das im Deutschen mit „Geburt“ übersetzte griechische Wort *genesis* wäre besser mit „Entstehung“ oder „Abstammung“ zu übersetzen. Es wird auch in Matthäus 1,1 am Beginn des Stammbaums verwendet.

Die Kinder und das Thema

In der Erzählung geht es um Vertrauen und Verlässlichkeit. Stabile Beziehungen brauchen wir Menschen, um Vertrauen zu entwickeln. Durch Annahme und Liebe, die wir erfahren, werden wir bindungsfähig. Auch für unseren Glauben ist Bindung (re-ligio = Rück-bindung) entscheidend.

Wenn wir uns auf einen anderen Menschen nicht verlassen können, z. B., dass sie oder er das Wort hält, zu einer Verabredung erscheint oder etwas Geliehenes zurückgibt, dann bedroht das unsere Freundschaft und verunsichert uns.

Wenn jemand auch bei Schwierigkeiten zu uns hält, z. B. für uns Partei ergreift und uns verteidigt, dann zeigt sich, ob sie oder er wirklich unser:e Freund:in ist und uns liebt.

Die Geschichte schildert einen Moment in der Beziehung zwischen Josef und Maria, von der uns die Bibel erzählt. Kinder bringen unterschiedliche Erfahrungen zu Liebesbeziehungen mit. Sie erleben die Beziehung ihrer Eltern. Sie kennen vielleicht auch die schmerzlichen Erfahrungen von gebrochenen Beziehungen und Trennungen. Oder sie haben ältere Geschwister, die eine Freundin oder einen Freund haben. Sie erleben andere Personen in ihren Beziehungen und erfahren deren Auf und Ab. Wer selbst verliebt ist, weiß um die Hoffnung, die man darin setzt, dass diese Liebe erwidert wird. Wer selbst verliebt ist, weiß auch um die Sorge, der oder die andere könnte nicht das Gleiche empfinden. Damit daraus eine feste Beziehung wird, braucht es die gegenseitige Bestärkung.

Zeit füreinander aufzubringen, sich gegenseitig zu überraschen, einander den Vorzug vor anderen Beziehungen zu geben, sich Zärtlichkeit zu schenken und vieles andere mehr, dienen dazu, aus Verliebtheit echte Liebe wachsen zu lassen. Sie geben das Gefühl für den anderen einzigartig zu sein. Doch die Liebe ist immer auch verletzlich. Deshalb sind Treue und Verlässlichkeit wichtig.

Josef ist ein Mann, der darin Vorbild sein kann.

Ebenso zeigt die Erzählung, die Beziehung, die Josef mit Gott hat, und wie sein Gottesverhältnis auf die Gestaltung seiner Beziehung mit Maria wirkt. Auch das kann für die Kinder exemplarisch sein. Durch das eingefügte Lied können sich die Kinder deshalb in diese Gottesbeziehung hineinsingen.

Material

- grünes und blaues Legetuch
- Brunnen
- Josef (Figur aus rostbraunem Filz)
- Maria (weibliche Figur aus königsblauem Filz)
- Wasserkrug
- Holzstäbe
- Wolken aus Filz
- Engel (Figur aus gelbem Filz)
- 2 braune Chenille-Drähte für Lager des Josef
- 2 rote Chenille-Drähte für ein Herz

Lager des Josef

Erzählung

Ein grünes Legetuch ist gelegt. Darauf steht ein Brunnen.

Josef wartet auf Maria

Es ist noch früh am Morgen.
Josef ist schnell zum Brunnen gelaufen.

Figur des Josef neben den Brunnen legen.

Gleich wird er seine Braut Maria treffen.
Seit er den Ehevertrag mit Marias Eltern geschlossen hat, ist es ihm zur lieben Gewohnheit geworden, sich morgens hier mit Maria zu treffen. Sie ist eine so fröhliche junge Frau. Er muss einfach eine kleine Weile mit ihr zusammen sein, dann geht ihm die Arbeit nachher viel schneller von der Hand. Josef ist total verliebt und hat Maria von Herzen lieb. Bis zur Hochzeit dauert es aber noch. So ein großes Fest muss gut vorbereitet werden. Erst dann wird Maria in Josefs Haus ziehen. Josef kann es kaum noch erwarten, Maria endlich bei sich zu haben. Er stellt sich oft vor, wie schön es ist, morgens gemeinsam aufzuwachen, sich in die Augen zu schauen, in den Arm zu nehmen und zu kuscheln.

Was ist heute mit Maria los?
Da kommt Maria mit ihrem Wasserkrug.

→ *Figur der Maria in die Nähe des Brunnens legen und Wasserkrug daneben stellen.*

Merkwürdig: Normalerweise springt Maria, wenn sie Josef am Brunnen sieht. Heute scheint sie es gar nicht eilig zu haben.

→ *Figur der Maria langsam zum Brunnens bewegen und Wasserkrug daneben stellen.*

„Guten Morgen, Maria. Hast du gut geschlafen, mein Schatz?“, fragt Josef. Er nimmt Maria an der Hand.

→ *Josef neben Maria legen. Die Hand des Josef über die von Maria legen.*

Aber Maria zieht sich zurück.

→ *Figur der Maria von Josef wegrücken.*

„Was hast du, Maria? Geht es dir nicht gut?“
„Es hat nichts mit dir zu tun, Josef.
Es ist nur ... mir ist heute Morgen ziemlich schlecht.“
„Deshalb läufst du so langsam wie eine Schnecke. War der Arzt bei dir?“
„Nein. Es wird sich schon wieder geben. Ich weiß auch nicht, was mit mir los ist, Josef.“
„Du bist aufgeregt wegen unserer Hochzeit?“

„Ja – nein – ich weiß gar nichts mehr. Es geht alles so schnell."
„Willst du mich nicht mehr heiraten, Maria?"
„Doch, aber ich bin so durcheinander. Ich glaube, ich brauche ein bisschen Zeit."
„Es dauert ja auch noch, bis es so weit ist, dass du zu mir ziehen kannst. Ich kann es kaum erwarten, dich bei mir zu haben."
„Josef, mir ist schummrig vor den Augen."
„Maria, ich fülle deinen Krug mit Wasser und dann begleite ich dich nach Hause."

➜ *Den Krug kurz in den Brunnen stellen, dann neben Josef.*

„Das ist lieb von dir, aber es ist besser, wenn ich allein nach Hause gehe."
„Der Krug ist zu schwer für dich, Maria."
„Lass mich einfach gehen, Josef, bitte. Es geht schon. Du musst zu deiner Arbeit."

➜ *Maria mit dem Krug vom Brunnen wegbewegen.*

Josef sieht Maria nach. Sie geht langsam. Dann ist sie zwischen den Häusern verschwunden.

➜ *Maria und den Krug wegnehmen.*

„Hätte ich sie nicht doch begleiten sollen?", denkt Josef. „Aber Maria war so abweisend heute. So kenne ich sie gar nicht, ich mache mir richtig Sorgen."
Josef geht vom Brunnen nachdenklich weg.

➜ *Blaues Tuch als Haus legen.*

Josef betet voller Zweifel zu Gott

Bald ist er an seinem Haus.
Josef ist ein frommer Mann.
Bevor er mit seiner Arbeit beginnt, spricht er ein Gebet.
Mit Gott zu sprechen, ist ihm wichtig. Heute ganz besonders:
„Du bist der Gott unserer Väter und Mütter.
Du hast dich gnädig und barmherzig erwiesen, gegenüber Abraham und Sara.
In hohem Alter hast du ihnen einen Sohn geschenkt.
Du hast unser Volk reich gesegnet und trotz seiner Untreue nicht im Stich gelassen."

In das Gebet des Josef können wir mit dem folgenden Lied einstimmen:
Lied: Vom Anfang bis zum Ende hält Gott seine Hände (KuS 196)

Josef hat inzwischen weitergebetet. Sein ganzes Herz hat er vor Gott ausgeschüttet. Er hat ihm für Maria gedankt und für die Liebe, die sie zueinander haben. Doch da schlich sich auch ein Zweifel ein: Wollte ihn Maria überhaupt noch? So wie heute Morgen hat er Maria noch nie erlebt. Was kann sie so durcheinander gemacht haben? Ist Maria vielleicht ernstlich krank?

„Komisch ist aber, dass ihr so schlecht ist und schummrig vor den Augen", denkt Josef. „Wenn ich es nicht besser wüsste, dann könnte ich glauben, Maria sei schwanger." Denn so hatte es bei seiner Schwester auch vor einigen Monaten angefangen. „Aber nein, ich bin ja mit ihr noch gar nicht so zusammengekommen, dass sie schwanger sein kann. Ich wollte, es wäre so. Dann würde ich alles verstehen."

Josef plagen trübe Gedanken

Mit diesen Gedanken ist Josef – immer noch halb im Gebet – in seine Werkstatt gegangen.

➜ *Figur im Haus an einen anderen Platz ziehen.*

Dort liegen Balken bereit, die Josef heute bearbeiten will.

➜ *Holzstäbe neben Josef legen.*

Josef ist Zimmermann. Er baut für die Leute Häuser. Dabei braucht er viel Holz. Er muss es zurechtsägen und -hobeln. Eine anstrengende Arbeit, bei der man sehr achtsam sein muss, um nichts falsch zu machen oder sich zu verletzen. Heute ist Josef aber nicht recht bei der Sache.
„Was ist nur mit Maria los?“, denkt er besorgt.
„Was mache ich, wenn sie mich gar nicht mehr heiraten will? Und was ist, wenn sie doch schwanger ist? Es kann eigentlich nicht sein, außer ...“
Josef wagt den schrecklichen Gedanken nicht zu Ende denken, aber er ist da. Auf keinen Fall will er Maria verlieren. Was soll er tun, wenn nun doch ein anderer Mann im Spiel ist.
Josef schüttelt den Kopf. Er versteht selbst nicht, warum so wilde Gedanken ihm durch sein Gehirn rasen.
Er bittet Gott: „Ich will deinen Geboten treu sein. Ich will die Menschen lieben, wie du mich liebhast. Besonders Maria will ich liebhaben und ihr treu sein für immer.“

Wir können Josef nochmals in seinen Gedanken und seinem Gebet unterstützen mit dem
Lied: Vom Anfang bis zum Ende hält Gott seine Hände (KuS 196)

Josef will gerecht leben vor Gott

Inzwischen ist es Abend geworden. Die trüben Gedanken haben Josef immer wieder aufgewühlt. Er hat inzwischen so halb einen Entschluss gefasst: „Wenn Maria ernstlich krank ist, werde ich zu ihr stehen. Ich werde mich um sie kümmern. – Sollte etwas anderes dahinterstecken, dann werde ich sie nicht verurteilen. Ich werde mich in aller Stille von ihr trennen und ihr die Freiheit von unserem Ehevertrag geben."

Josef will gerecht leben vor Gott. Er kennt die Regelungen, die bei Ehebruch in seinem Land gelten. Sie gelten auch, wenn die Braut noch nicht mit dem Bräutigam zusammenwohnt. Aber eine Bestrafung für Maria, das kommt für Josef nicht in Frage. Dazu liebt er sie zu sehr. Außerdem war Gott in seiner Gerechtigkeit auch der Gute und Barmherzige. „Gott ist gnädig zu uns Menschen. Er will, dass auch wir barmherzig sind", sagt Josef entschieden. Gerechtigkeit ohne Liebe ist nichts wert, davon ist Josef überzeugt.

„Ich will Vertrauen haben in Gott und in Maria", so betet Josef heute Abend. Und damit legt er sich zum Schlafen hin.

➙ *Figur des Josef an einen anderen Ort legen. Mit Chenille-Draht kann ein Lager angedeutet werden.*

Im Traum spricht Gottes Engel zu ihm

Mit diesem Vorsatz ist Josef bald eingeschlafen. Aber er schläft unruhig in dieser Nacht. Die Zweifel und Ängste lassen ihn auch im Schlaf nicht los. Wie dunkle Wolken ziehen sie durch seinen Kopf.

➙ *Zwei Wolken über den Kopf des Josef legen.*

Er dreht sich immer wieder hin und her.

→ *Figur des Josef hin- und herdrehen.*

Plötzlich sieht Josef aber noch etwas anderes:
Licht, eine helle Gestalt zwischen dem Dunkel dieser Traumnacht.

→ *Engel zwischen die Wolken schieben.*

Dann hört er eine Stimme: „Josef, Sohn Davids."
Wirklich, seine Familie glaubte immer zu den Nachkommen des großen Königs in Israel zu gehören.
Davon hatte Josefs Vater oft erzählt.
„Josef, Sohn Davids, fürchte dich nicht."
Die dunklen Wolken sind im Traum jetzt plötzlich weg.

→ *Die Wolken wegnehmen.*

Josef fühlt sich leicht und geborgen in diesem Licht.
Die Stimme spricht noch einmal zu ihm:
„Josef, Sohn Davids, fürchte dich nicht, Maria als deine Frau zu dir zu nehmen. Sie ist schwanger. Aber mache dir darum keine Sorgen. Gottes Heiliger Geist hat an Maria gewirkt. Gottes Geist wird mit dem Kind sein, das Maria erwartet. Sie wird einen Sohn gebären. Gib ihm den Namen Jesus, Gott rettet. Denn er wird der Messias deines Volkes sein, der Retter, den ihr so sehnlichst erwartet. Habe nur Vertrauen in Gott."

In diese Worte des Engels an Josef können wir mit dem Lied nochmals einstimmen:
Lied: Vom Anfang bis zum Ende hält Gott seine Hände (KuS 196)

→ *Den Engel wegnehmen. Josef steht auf. Den Chenille-Draht wegnehmen.*

Josef steht zu Maria

Als Josef am nächsten Tag aufwacht, ist er ganz fröhlich und sagt: „Gott hält seine Hand über uns, über Maria und mich und über unser Kind. So soll es sein. Amen." Er dankt Gott für diesen Traum. Er ist sicher, dass Gott oder sein Engel zu ihm gesprochen haben. Jetzt weiß Josef sicher, was er tun wird: „Ich werde Maria rasch zu mir nehmen. Niemand soll etwas Schlechtes von Maria denken. Ich will für den kleinen Jesus sorgen und ihm Vater sein, so wahr ich Zimmermann bin."
Und so geschieht es. Maria zieht bei Josef ein.

→ *Maria ins Haus des Josef legen, neben Josef.*

„Treue, das ist das Wichtigste", denkt Josef sich. „Denn auch Gott ist treu – immer und überall."

→ *Mit zwei roten Chenille-Drähten ein Herz formen und um die beiden legen.*

Mit Kindern ins Gespräch gehen

- Was wundert euch an der Geschichte?
- Was findet ihr ganz wichtig an der Geschichte?
- Stellt euch vor, ihr wärt Maria:
  Was würdet ihr zu Josef sagen, der euch erzählt, was er im Traum erlebt hat?
- Was denkt ihr über Träume?
- Warum passt Josef so gut zum Advent?

Liturgie

Gebet vor der Erzählung

Gott, unser Vater,
wir warten darauf, dass es Weihnachten wird.
Aber noch ist es nicht so weit.
Warum ist es so anstrengend, warten zu müssen?
Schenke uns die Geduld,
erhalte uns aber auch die Spannung.
Der Advent ist eine so schöne Zeit,
erfüllt mit dem Duft und Licht der Vorweihnachtszeit.
Sie lassen uns erahnen, was sein wird,
wenn endlich Weihnachten kommt.
Danke, dass du zu uns kommen willst.
Alle: Amen.

Gebet nach der Erzählung

Gott, du bist treu,
du hältst immer zu uns.
Wir können uns auf dich verlassen.
Du bist barmherzig und geduldig mit uns.
Du lässt uns nicht allein,
auch wenn wir einmal in großen Schwierigkeiten sind.
Wie Josef, wollen wir darauf vertrauen,
dass du bei uns bist und mit uns gehst,
durch dick und dünn.
Du hast es fest versprochen
und nie dein Wort gebrochen.
Alle: Amen.

Lied: Ein Mann (Josef)

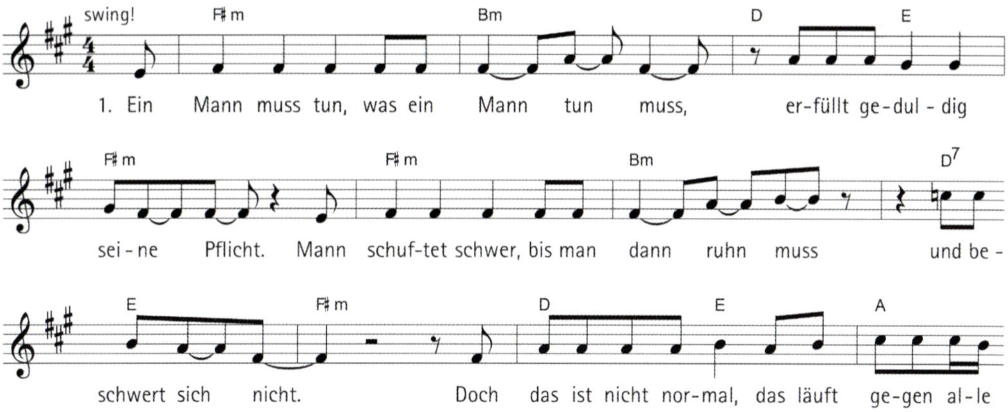

Text und Melodie: Frank Widmann

Maria und Elisabeth

Lukas 1,39-56

Zum Text

Maria hat es eilig, zu ihrer Cousine zu kommen. Vom langen Weg ins judäische Bergland erzählt uns der Text nichts. Auch der Erzähler scheint es eilig zu haben, zum Eigentlichen zu kommen: der Begegnung der beiden schwangeren Frauen.

In ihrem Zueinander wird bereits angedeutet, wie das Verhältnis der beiden Söhne, Johannes und Jesus, gesehen werden soll. Elisabeth ordnet sich Maria unter: „Wie geschieht mir das, dass die Mutter meines Herrn zu mir kommt?“

Das Wichtigste am Text ist aber der Lobpreis. Mit Maria preist Elisabeth den Retter und Messias, der von ihr zur Welt gebracht wird. Das Kind im Bauch der Elisabeth preist Gott auf seine Weise. Es macht sich durch Strampeln bemerkbar.

Maria bringt den Lobpreis zum Ausdruck mit ihrem Lied auf die Größe und das Heilshandeln Gottes: mit dem Magnifikat.

Darin benennt Maria, was später am Reden und Handeln des Jesus von Nazareth so charakteristisch ist: er erbarmt sich der Armen und Ausgestoßenen; er richtet die Gebeugten auf; er sättigt die, die Hunger haben. Die Reichen gehen leer aus.

Ob Maria bis zur Geburt des Johannes bleibt, wann und wie sie nach Hause kommt, all das wird nicht erzählt. Im Zentrum steht der Lobgesang der beiden Frauen. Zu diesem Lobgesang möchte uns der Evangelist Lukas auch einladen. Deshalb wird in den Lobpreis der beiden Frauen während der Erzählung das Lied „Tochter Zion, freue dich“ eingebaut.

Am Ende der Erzählung werden auch Frauengestalten der Heilsgeschichte Israels namentlich erwähnt. Die Vergewisserung, in einer Glaubens- und Heilstradition zu stehen, ist ein Wesensmerkmal der biblischen Botschaft, auch wenn dies vielen heute fremd ist. Es kann nur wiederbelebt werden, wenn es in unserem Sprechen über Gottes Wirken aufgegriffen wird.

Die Kinder und das Thema

Welche Freude es ist, wenn jemand zu Besuch kommt, der uns wichtig ist, kennen die Kinder aus eigenen Erfahrungen. Hat sich der Besuch vorher angekündigt, dann treffen wir entsprechende Vorbereitungen. Wir putzen im Haus, wir richten das Zimmer für den Gast, wir stellen vielleicht Blumen ins Zimmer und besorgen ein Geschenk.

Vermutlich hatten Maria und Elisabeth den Besuch miteinander vereinbart. Maria will die schwangere Elisabeth in der Führung des Haushalts unterstützen. Einige Kinder haben das vielleicht auch schon zu Hause erlebt, z. B. wenn die Mutter krank war oder ins Krankenhaus musste und dann die Oma oder Tante gekommen ist, um zu helfen.

Welche Freude es ist, wenn sich Nachwuchs in einer Familie ankündigt, davon können Kinder erzählen, die das schon erlebt haben. Vielleicht gibt es auch Kinder, denen erzählt wurde, wie lange ihre Eltern darauf gewartet hatten, bis es endlich mit der Schwangerschaft geklappt hat. Wie groß ist die Freude, wenn der ersehnte Nachwuchs sich dann doch einstellt.

Material

- brauner Filzstreifen (2 Stück)
- rotes Legetuch
- Filzsteine
- Maria (weibliche Figur aus königsblauem Filz)
- Elisabeth (weibliche Figur aus grünem Filz)
- grüner Chenille-Draht (2 Stück)
  (Damit wird die Schwangerschaft von Maria und Elisabeth angedeutet: Sie sind guter Hoffnung. Der Draht wird mit den Figuren mitbewegt.)

Erzählung

➾ *Es werden 2 braune Filzstreifen als Weg gelegt. An einem Ende wird ein rotes Legetuch als Haus der Elisabeth gelegt.*

Maria auf dem Weg zu Elisabeth

Maria ist unterwegs.

➾ *Figur der Maria zum anderen Ende des braunen Filzstreifens legen.*

Sie will ihre Cousine Elisabeth besuchen.

➾ *Figur der Elisabeth auf das rote Legetuch legen.*

Die beiden Frauen erwarten ein Baby.

➾ *Unter die beiden Figuren ein Stück grünen Chenille-Draht zum Halbkreis gebogen ablegen.*

Der Weg führt Maria in das Bergland hinauf.
Er ist für die schwangere Maria beschwerlich.

➾ *Einige Filzsteine auf den Weg legen. Maria näher in Richtung des Hauses der Elisabeth bewegen.*

Doch noch ein Kind

Endlich kommt Maria bei Elisabeth an.

➾ *Figur der Maria zum Haus der Elisabeth legen.*

Maria umarmt ihre Cousine Elisabeth herzlich und sagt:
„Ich grüße dich, Elisabeth. Wie schön, dass es dir gut geht. Ich freue mich so für euch, dass ihr doch noch ein Kind bekommt."

➾ *Figur der Maria mit dem Arm über den Arm der Elisabeth legen. Die Köpfe können sich berühren. Die grünen Chenille-Draht-Stücke entsprechend ausrichten.*

Als Elisabeth die Worte Marias hört, bewegt sich das Kind in ihrem Bauch. Es scheint vor Freude zu hüpfen.

➙ *Den Chenille-Draht bei Elisabeth wiegend hin- und herbewegen.*

Lied: Tochter Zion, freue dich ... (EG 13, GL 228, Vers 1)

Elisabeth fasst sich an ihren Bauch und krümmt sich:
„Mein Kind freut sich wohl sehr über deinen Besuch. Man könnte meinen, es wolle tanzen."
Maria: „Ich hoffe, es beruhigt sich wieder.
Aber es hat tatsächlich Grund zur Freude, denn auch ich bin schwanger."

Lobpreis der beiden Frauen auf Gott

Elisabeth freut sich riesig für Maria und stimmt berührt vom Geist Gottes ein Loblied an:

➙ *Eine Strahlenraute mit Teelicht zu Elisabeth stellen.*

„Gesegnet von Gott bist du, Maria.
Gesegnet ist das Kind, das in dir wächst.
Du hast zu Gottes Plan Ja gesagt.
Du bist uns allen ein Vorbild im Glauben.
Selig, wer glaubt und Gottes Wegen folgt."

Lied: Tochter Zion, freue dich …
(EG 13, GL 228, Vers 2)

Auch Maria stimmt vom Geist Gottes erfüllt voll Freude in das Loblied der Elisabeth ein:

→ *Eine Strahlenraute mit Teelicht zu Maria stellen.*

„Meine Seele preist die Größe unseres Gottes,
mein Geist jubelt über meinen Heiland und Erlöser.
Gott hat mich angesehen und Großes an mir getan.
Gott ist mächtig, sein Name ist heilig.
Er erbarmt sich über uns Menschen zu aller Zeit.
Die Geringen macht er groß,
die Großen aber haben vor ihm keinen Bestand.
Wer sich über andere erhebt, den stürzt er vom Sockel.
Die Hungernden macht er satt.
Wer reich ist, wird vor ihm leer ausgehen.
Er macht auch heute sein Erbarmen wahr,
das er erwiesen hat unseren Vätern und Mütter im Glauben,
Abraham und Sara, Jakob und Rahel,
Mirjam und Mose, Rut und David.“

Lied: Tochter Zion, freue dich … (EG 13, GL 228, Vers 3)

Mit Kindern ins Gespräch gehen

- Was wundert euch an der Geschichte?
- Was findet ihr ganz wichtig an der Geschichte?
- Warum passt die Begegnung von Maria und Elisabeth so gut zum Advent?
- Am Ende sind Personen aus der Geschichte des Volkes Israel erwähnt.
  Ihr habt vielleicht noch nicht von allen gehört.
  Gibt es Menschen, die für euren eigenen Glauben an Gott wichtig sind?
  Was bewundert ihr an ihnen? Worin sind sie für euch Vorbild?

Liturgie

Gebet vor der Erzählung

Gott, unser Vater,
wir warten darauf, dass es Weihnachten wird.
Aber noch ist es nicht so weit.
Warum ist es so anstrengend, warten zu müssen?
Schenke uns die Geduld,
erhalte uns aber auch die Spannung.
Der Advent ist eine so schöne Zeit,
erfüllt mit dem Duft und Licht der Vorweihnachtszeit.
Sie lassen uns erahnen, was sein wird,
wenn endlich Weihnachten kommt.
Danke, dass du zu uns kommen willst.
Alle: Amen.

Gebet nach der Erzählung

Gott, du bist groß und vollbringst Wunder.
Elisabeth bekommt in hohem Alter noch ein Kind.
Maria, eine junge Frau, wird die Mutter von Jesus.
Niemand ist für dich zu gering und unbedeutend.
Allen schenkst du dein Heil und deinen Segen.
Du begleitest auch unser Leben
und du kannst Großes mit uns bewirken,
wenn wir auf dein Wort hören
und uns von deinem Geist berühren lassen.
Wir danken dir, dass du uns so viel zutraust.

Wir loben dich mit dem Lied:
Was für ein großer Gott ...

Lied: Was für ein großer Gott

2. Alles, was man Kinder lehrt,
wirft er durcheinander:
dass der Recht hat,
der sich wehrt
und Macht sich kalt vererbt.

3. Große sind nicht immer groß.
Nur ein Wort – sie fallen,
sind auf einmal all das los,
was sie so wichtigmacht.

4. Ich bin keine Frau von Welt,
habe nichts zu bieten.
Ausgerechnet mich erwählt
der himmelhohe Gott.

Text und Melodie: Frank Widmann

Lobgesang

(in Anlehnung an das Magnifikat)

Ich will für dich tanzen und spielen, Herr.
Ja, spielen und tanzen will ich vor dir.

Du siehst mich an, mein Gott.
Du siehst meine Unbeschwertheit und Freude.
Du siehst meine Kleinheit und wie bedrückt ich manchmal bin.
Manchmal denke ich: Wer interessiert sich schon für mich?
Aber du, Gott, du siehst mich an.
Du nimmst mich nicht nur nebenbei wahr.
Für dich bin ich wer. Einzigartig. Ein Geschöpf deiner Liebe.
Deshalb, Gott:

Ich will für dich tanzen und spielen, Herr.
Ja, spielen und tanzen will ich vor dir.

Viele schauen an mir vorbei –
an dem, was ich wünsche und brauche – an mir.
Aber du machst mich groß. Du machst mich groß vor Anderen,
weil du mich anschaust mit Blicken der Liebe und des Verstehens.
Du siehst meinen Kleingeist und mein Verzagen.
Aber dein Ansehen bringt mich ins Rampenlicht.
Ich kann es nicht verstehen, dass du mich groß machst.
Ich kann auch nichts dazu tun.
Dein liebendes und verstehendes Ansehen
rettet mich aus der Tiefe und erhöht mich Kleinen.
Deshalb, Vater:

Ich will für dich tanzen und spielen, Herr.
Ja, spielen und tanzen will ich vor dir.

Es gibt so viele Menschen, die klein sind und niedrig,
in den Augen der Mächtigen dieser Welt.
Aber die Mächtigen irren sich.
Ich glaube, dass dein Ansehen, Gott, mir und allen Menschen,
die sich klein und nichtig fühlen, Rettung bringt.
Menschen, die sich auf dich, Gott, verlassen,
werden aufrecht gehen können.
Kleingemachte werden durch dich groß gemacht.
Niedrige werden die Macht deiner Herrschaft zeigen.
Du hast Erbarmen mit den Kleinen, Gott.
Deshalb, Vater:

Ich will für dich tanzen und spielen, Herr.
Ja, spielen und tanzen will ich vor dir.

Die Bibel ist voll von solchen Geschichten,
in denen Kleine groß rauskommen.
Du begleitest mit Treue und Liebe auch solche,
die dich kennen, aber trotzdem auf Abwege geraten sind.
Sie waren klein und du hast sie groß gemacht.
Sie wussten nicht wohin und du, Gott, hast ihnen den Weg gezeigt.
Sie versagten, aber du, Vater, hattest Erbarmen
und du hast sie finden lassen, was sie suchten:
einen offenen Himmel, der bis zur Erde reicht,
Heimat in der Hütte Gottes bei den Menschen.
Ja, Gott:

Ich will für dich tanzen und spielen, Herr.
Ja, spielen und tanzen will ich vor dir.

(Nach Karin Eisbrenner, in: Du bist da 2011, Gebete und liturgische Elemente zum Plan für den Kindergottesdienst, Verlag Junge Gemeinde, Leinfelden-Echterdingen 2010, junge-gemeinde.de)

WEIHNACHTSMENSCHEN

Maria und Josef

Lukas 2,4-7

Zum Text

Dieser Abschnitt aus dem Lukasevangelium hat eine reiche Ausgestaltung in der Krippenspieltradition gefunden. Eingehend wird in dieser Tradition von der Verkündigung der Volkszählung und ihren Auswirkungen erzählt, der beschwerliche Weg nach Bethlehem auf dem Esel geschildert, die Herbergssuche und die Bosheit der Wirte ausgestaltet und die Geburt im Stall dargestellt.

Im Text des Evangeliums hört sich das alles sehr viel knapper und gar nüchtern an. Lukas gibt die Geschichte wie ein Historiker wieder, der sich auf die Fakten beschränkt. Er erläutert nicht die genaueren Umstände der Steuerzählung. Er beschränkt sich auf das Wesentliche, dass in der Herberge kein Platz war und Maria ihr neugeborenes Kind in eine Krippe gelegt hat.

Womöglich ist es gerade diese Schlichtheit gewesen, die die Fantasie der frommen Legende beflügelt hat.

Für Lukas ist es wichtig, die Geburt von Jesus in den großen geschichtlichen Rahmen zu stellen. Da steht auf der einen Seite der große Kaiser Augustus in Rom, mitten im Machtzentrum seines Weltreichs. Aber das eigentlich Wichtige geschieht an der Peripherie.

Sie ist für Lukas das Zentrum, in dem eine neue Zeit beginnt. Jesus wird geboren, unscheinbar als Kind in der Krippe: Er ist der neue David, der sein Volk führen wird.

Er steht nicht im Rampenlicht. Seine scheinbare Machtlosigkeit wird aber die Geschichte der Menschheit verändern.

Krippe und Kreuz müssen als Symbole der anderen Handlungsweise Gottes gegenüber dem Menschen gesehen werden. Sie stehen gegen Palast und Schwert.

Die Ausschmückung, die diese wenigen Zeilen bis heute in Krippenspielen und Legenden erfahren, ist nicht verkehrt. Menschen sehen ihre Erfahrungen von Gewalt und Unterdrückung, ihre Armut und Ohnmacht, in den Personen der Geschichte widergespiegelt.

Sie dürfen erfahren: Auch wenn für sie kein Platz auf dieser Welt ist, an der Krippe gibt es Platz für alle. Jeder darf kommen und wird im Angesicht des Kindes in der Krippe groß gemacht. Die Augen Gottes sind auf ihn gerichtet. Die Liebe Gottes begegnet ihm in diesem kleinen Kind und bringt auch ihm die frohe Botschaft von Weihnachten: Ehre sei Gott und Friede auf Erden den Menschen.

Darum soll dieser kurze Lukastext auch hier aus einer besonderen Perspektive erzählt werden.

Zur Idee noch der Hinweis. Wir müssen uns nicht vorstellen, dass Josef und Maria abseits in einem Stall ihr Kind zur Welt brachten. In den Unterkünften für Reisende waren damals Mensch und Tier oft sehr nah zusammen oder im gleichen Raum untergebracht.

Die Kinder und das Thema

„Zu klein" – „Zu jung", so werden Kinder hoffentlich nicht mehr beurteilt. Die stärkende Botschaft: Jeder und jede ist willkommen, wird auch Kindern guttun, die hoffentlich reichlich Beachtung und Zuwendung bekommen.

Kinder haben oft ein ausgeprägtes Bedürfnis nach Gerechtigkeit. Maßstab für Gerechtigkeit ist vor allem die Gleichbehandlung. Unterdrückung und Machtmissbrauch verstoßen eklatant gegen dieses Verständnis von Gerechtigkeit. Die Kinder werden sich deshalb leicht mit Maria und Josef solidarisieren.

Durch die Fluchterfahrungen vieler Menschen – auch in unserer Zeit – rückt für die Kinder die Not von Heimatlosigkeit und fehlender Unterkunft nahe. Sie verstehen daher besser, was es bedeutet vor verschlossenen Türen zu stehen, bzw. wie dankbar jemand ist, für jede Form der Hilfeleistung und Unterbringung.

Selbst wenn Kinder in diesem Alter noch kein ausgeprägtes Geschichtsverständnis haben, ist es dennoch eine wichtige Botschaft für sie: Gott steht auf der Seite der Armen und greift deshalb rettend in das Leben von Menschen ein.

Dieses rettende Handeln Gottes ist nicht einklagbar, aber wir können es – mit Vertrauen auf ihn – von ihm erhoffen.

Material

- grünes Legetuch
- Holzstäbe
- Maria (weibliche Figur aus königsblauem Filz)
- Josef (Figur aus rostbraunem Filz)
- Zwei Wirte, eine Wirtin (Figuren aus mangofarbenem Filz)
- Tisch aus Filz
- Krippe aus Holzstäben
- Jesuskind (Flauschfeder an ein Glasnugget geklebt)
- Figuren aus Tonpapier nach Muster der Filzfiguren für alle Kinder

Klangerzählung mit Legegestaltung

Es liegen viele verschiedene Instrumente bereit. Dies können sowohl Rhythmusinstrumente als auch geeignete Gegenstände aus dem Haushalt sein. Jedes Kind wählt ein Instrument aus, das es beim Erzählen der Geschichte übernehmen möchte. Jedem Schlüsselwort in der Geschichte weisen die Kinder ein Instrument zu und probieren seinen Klang aus.
Schlüsselbegriffe sind (in der Erzählung fett gedruckt): ***Weg, Unterkunft, Herberge, Bauch, klopfen, öffnen, zuschlagen.***
Zunächst wird die Geschichte nur als Legebild erzählt. Die Kinder können dabei schon darauf achten, wann der Schlüsselbegriff, der zu ihrem Instrument gehört, vorkommt.
Dann wird die Geschichte ein zweites Mal erzählt. Wird der Schlüsselbegriff genannt, setzt das entsprechende Kind sein Instrument ein. Die Geschichte wird so langsam erzählt, dass die Kinder Zeit haben für den Einsatz ihres Instruments.

Ankunft in Bethlehem

➔ *Ein grünes Legetuch ist ausgebreitet.*

„Da ist Bethlehem!“, sagt Josef.
„Endlich sind wir da“, seufzt Maria.

➔ *Die Figuren von Josef und Maria an den Rand des Tuches legen.*

Der **Weg** von Nazareth hierher war weit.
Vor allem für Maria mit dem Baby in ihrem **Bauch**.
„Es wird voll sein in der Stadt!
Ob wir wohl noch eine **Unterkunft** finden?“, fragt Maria.
„Maria, bisher hat Gott uns gut geführt.
Er wird uns auch jetzt helfen.“
„Du hast leicht reden, du musst nicht mit einem so dicken **Bauch** herumlaufen“, beschwert sich Maria.
„Es wird immer anstrengender für mich.“
„Maria, setz dich hier auf den Stein. Ich gehe los und suche uns eine **Unterkunft**.“

➔ *Einen Stein aus Filz unter die Figur der Maria legen.*

Josef sucht eine Herberge

Josef macht sich auf den **Weg**.

→ *Einen Holzstab für die erste Herberge legen. Die Figur des Josef dort ablegen.*

An der ersten **Herberge** angekommen, **klopft** Josef an die Tür. Der Wirt **öffnet** die Tür.

→ *Eine Figur für den Wirt legen.*

„Guten Tag!", sagt Josef. „Wir sind nach einem langen **Weg** gerade in Bethlehem angekommen. Meine Frau, Maria, ist hochschwanger. Noch diese Nacht kann das Kind in ihrem **Bauch** zur Welt kommen. Wir suchen dringend eine **Unterkunft.**"
„Tut mir leid", sagt der Wirt. „In unserer **Herberge** ist alles voll bis unters Dach. Sie wissen ja, die Volkszählung."
„Dann versuche ich es woanders", sagt Josef.
„Vielleicht haben Sie Glück", meint der Wirt noch und **schlägt die Tür zu**.

→ *Die Figur für den Wirt wegnehmen. Einen Holzstab für die nächste Unterkunft legen. Die Figur des Josef davorlegen.*

Josef läuft auf direktem **Weg** zur nächsten **Unterkunft**.
Er **klopft** bei der **Herberge** an.

→ *Die Figur für eine Wirtin legen.*

Eine Wirtin öffnet und beginnt gleich zu schimpfen:
„Ich habe keinen Platz, hier gibt es für euch keine **Unterkunft** mehr. Haltet mich bitte nicht weiter von meiner Arbeit ab. Ich muss meine Gäste versorgen."
Sie **schlägt die Tür zu** und ist fort, noch bevor Josef etwas sagen kann.

→ *Die Figur für die Wirtin wegnehmen.*

Josef geht niedergeschlagen den **Weg** zu Maria zurück, die immer noch auf ihrem Stein sitzt.
„Und hast du eine **Unterkunft** gefunden?“, fragt Maria.
„Leider nein“, sagt Josef kleinlaut, „bei der letzten **Herberge** hat mich die Wirtin nicht einmal angehört, sondern gleich die **Tür zugeschlagen**.“
„Aber irgendwo, muss es doch noch einen Platz in einer **Herberge** geben.
Lass es uns noch einmal zusammen versuchen“, sagt Maria.
„Vielleicht in die andere Richtung“, sagt Josef.
So machen sich beide nochmals auf den **Weg**.
Kurz darauf entdecken sie die nächste **Herberge**.

➙ *Wieder einen Holzstab für die Herberge legen. Maria und Josef dazulegen.*

Josef **klopft** an. Der Wirt ruft: „Ich komme, gleich. Einen Moment bitte!“
„Das hört sich doch schon viel freundlicher an“, sagt Josef.
„Hoffentlich behältst du Recht und uns wird nicht noch eine **Tür zugeschlagen**“, meint Maria nur.
Aber dann kommt der Wirt auch schon und **öffnet** die Tür.

➙ *Wirt dazulegen.*

„Darf ich raten“, sagt er. „Ihr beide sucht eine **Unterkunft**.“
„Ja, allerdings“, sagt Josef, „überall in Bethlehem scheinen die **Herbergen** voll zu sein.
Wir suchen schon stundenlang nach einer Herberge.“
„Bei uns ist eigentlich auch nichts mehr frei, aber“, sagt der Wirt, „ihr scheint ja ein echter Notfall zu sein.“ Dabei schaut er auf Marias dicken **Bauch**.

„Ja“, sagt Maria und hält sich die Hand an ihren **Bauch**, „ich glaube, das Baby macht sich bald auf den Weg.“
„Rebekka“, ruft der Wirt nach hinten, „ein Fall für dich.“
Und zu Josef und Maria sagt er: „Ihr habt Glück. Frei ist bei uns eigentlich nichts mehr in der **Herberge**, aber meine Frau ist Hebamme. Wir lassen euch deshalb nicht draußen stehen.“
Jetzt kommt die Frau des Wirts dazu.

→ *Die Figur der Wirtin legen.*

„Oha“, sagt sie und legt ihre Hand auf Marias **Bauch**, „da macht sich jemand bald auf den **Weg**. Kommt, erst einmal herein!“

Bei Jakob und Rebekka

„Ich heiße Jakob“, sagt der **Wirt.** „Sicher habt ihr Hunger nach dem langen **Weg**. Ich mache euch erst einmal was zu essen.“

→ *Den Wirt wegnehmen.*

„Wo kommt ihr her?“, fragt Rebekka.
„Wir kommen aus Nazareth“, antwortet Josef.
„In Galiläa! Ein ganz schön weiter Weg. Setzt euch hierhin.“

→ *Tisch legen und Josef und Maria dazulegen.*

„Wir danken für eure Gastfreundschaft. Wir sind so froh, doch noch eine **Unterkunft** gefunden zu haben“, sagt Maria erleichtert.

„Keine Ursache. Geben können wir euch in unserer **Herberge** nicht viel. Platz ist nur noch bei den Tieren im Anbau. Aber Decken und Kissen haben wir genug. Und warm ist es dort auch“, sagt Rebekka.
„Das ist viel besser als nichts“, meint Josef scherzhaft.
Bald kommt Jakob, der Wirt, mit dem Essen.

➾ *Den Wirt dazulegen.*

„Wir lassen euch jetzt allein“, sagt Rebekka.
„Meine Frau und ich machen euch das Lager In eurer **Unterkunft** zurecht. Rebekka wird sich auch um alles kümmern, damit euer Kind gut auf die Welt kommen kann, wenn es sich auf den **Weg** gemacht hat. Es wird schon werden, Rebekka hat schon vielen Müttern geholfen“, sagt Jakob zu Josef.

➾ *Den Wirt und seine Frau wegnehmen.*

Jesus – das Licht der Welt

Während Maria und Josef sich stärken, rüsten die Wirtsleute in ihrer **Herberge** das Nachtlager für die beiden her.

➾ *In die Mitte des grünen Tuchs wird ein gelber Filzkreis gelegt. Aus Holzstäben wird eine Krippe gelegt. Dazu werden auch die Stäbe verwendet, die bisher für die Herbergen genutzt wurden.*

In dieser Nacht wird Jesus geboren. In einer einfachen **Herberge** in Bethlehem. Eine Krippe mit Stroh ist seine **Unterkunft**.

→ *Eine Flauschfeder mit einem Glasnugget in die Krippe legen. Maria und Josef dazulegen.*

Rebekka und Jakob, das gastfreundliche Wirtspaar, sind die ersten, die etwas von der Geburt des Kindes wissen.

→ *Das Wirtspaar zur Krippe legen.*

Sie ahnen noch nicht, wer da in ihrer Mitte geboren ist. Doch sie werden es noch erfahren in dieser Nacht, in der die Engel auf den Hirtenfeldern von Bethlehem singen und die Hirten sich bald auf den **Weg** zur Krippe machen.

Lied: Jauchzet, ihr Himmel (EG 41, GL 251; Strophen 1.3.6.)

Der Himmel in der **Herberge** ist voller Gesang. Denn die Engel sind nicht nur bei den Hirten, sondern auch hier an der Krippe zugegen.

→ *Engelfiguren über die Krippe legen.*

Ein Leuchten breitet sich im ganzen Raum der **Herberge** aus.

→ *Eventuell Holzraute mit Teelicht dazustellen.*

„Ehre sei Gott und Frieden auf Erden den Menschen“, singen die Engel.
Rebekka und Jakob staunen:
Was ist das für ein Kind, das in ihrer **Herberge** zur Welt kam?
Das Jesuskind hat bei ihnen eine **Unterkunft** gefunden.

Mit Kindern ins Gespräch gehen

- Was wundert euch an der Geschichte?
- Was findet ihr ganz wichtig an der Geschichte?
- Stellt euch vor, ihr wärt Rebekka oder Jakob:
  Wie würdet ihr von dem erzählen, was ihr in dieser Nacht erlebt habt?
- Stellt euch vor, ihr steht an der Krippe:
  Was möchtet ihr dem Jesuskind sagen in dieser Nacht?
  Für die Kinder sind Figuren aus Tonkarton geschnitten (nach den Mustern der Filzfiguren). Wer etwas sagen möchte, legt stellvertretend für sich eine Figur um die Krippe herum. Es dürfen auch alle anderen eine Figur zur Krippe legen.

Liturgie

Gebet vor der Erzählung

Herr Jesus Christus, heute ist Heiliger Abend.
Wir hören die Botschaft von deiner Geburt in Bethlehem.
Du hast dir einen unbedeutenden Ort ausgesucht.
Geboren wie jedes Kind
wirst du Teil der großen Welt- und Menschheitsgeschichte.
Du willst auch heute mitten unter uns sein,
in dieser Feier, an diesem Abend,
in diesen Weihnachtstagen.
Wir wollen aufmerksam sein für deine Gegenwart
und für die Botschaft deiner Engel:
Ehre sei Gott und Friede auf Erden den Menschen.
Alle: Amen.

Gebet nach der Erzählung

Gott, unser Vater,
wir danken dir für diesen Abend,
für die Weihnachtstage im Kreis unserer Freunde und Familien.
Wir danken dir für alles Gute, was wir einander schenken.

Wir danken dir für die Tage der Ruhe und Besinnung.
Wir danken dir für die Lieder,
die wir vor den Lichtern des Weihnachtsbaums gemeinsam singen.
Wir danken dir für die gute Zeit, die wir miteinander haben werden.

Wir denken aber auch an die,
die an Weihnachten keinen Grund zur Freude haben.
Wir beten für die, die einsam sind. Für sie sind diese Tage besonders schwer.
Wir beten für die Kranken und für die, die vielleicht das letzte Weihnachtsfest erleben.
Wir beten für die Menschen, die auf der Flucht sind,
für die Menschen, die unter Krieg und Verfolgung leiden.
für die Menschen, die in Gefängnissen leben und sich wünschen endlich frei zu sein.
Wir beten für alle, die deine Nähe und Liebe besonders brauchen.
Wir beten gemeinsam, wie Jesus uns zu beten gelehrt hat:

Vater unser ...

Lied: Kennt ihr den Ort

2. Kennt ihr die Zeit, wenn Himmel und Erde sich berühren?
Ist lange her und doch so nah:
Zu Weihnachten in jedem Jahr
wird unser Traum vom Leben wahr.
Zu Weihnachten in jedem Jahr
wird unser Traum vom Leben wahr.
Ist lange her und doch so nah!

3. Kennt ihr das Kind, das Himmel und Erde sich erhoffen?
Jesus Christ, Retter der Welt,
Marias Sohn das Zeichen ist,
dass Gott uns Menschen nicht vergisst.
Marias Sohn das Zeichen ist,
dass Gott uns Menschen nicht vergisst.
Jesus Christ, Retter der Welt!

Text: Ulrich Walter, Musik: Matthias Nagel

Die Hirten

Lukas 2,8-20

Zum Text

Der Evangelist Lukas hat ein Herz für die kleinen Leute. Modern gesagt: Lukas hat eine Option für die Armen getroffen (s. das Gebet Marias bei Elisabeth). Später wird er Jesus bei seinem Auftreten in Nazareth die Stelle aus Jesaja 61,1-2 verlesen lassen: „Der Geist des Herrn ist auf mir, weil er mich gesalbt hat, zu verkünden das Evangelium den Armen ...“ (nach Lukas 4,18).

Diese Sendung Jesu kündet sich jetzt schon an. Ein Engel verkündet das Evangelium (die gute Nachricht) den Hirten. Die Hirten gehen nach Bethlehem und sehen, wie Gott mit dem Kind im Stall Geschichte geschrieben hat. Die Hirten werden dadurch selbst zu ersten Boten des Evangeliums (Lukas 2,17). Sie repräsentieren die Jünger, die das Evangelium verkünden. Deshalb lässt sie der Evangelist in Vers 20 Gott loben und preisen für alles, was sie gehört und gesehen hatten.

Der Lobpreis ist die Antwort auf das durch die Engel verkündete Evangelium. Hören, Weitersagen, Gott preisen und ihm danken, das ist der Dreischritt, den Lukas jedem Jünger Jesu empfehlen möchte.

Mit dem Einbezug der Hirten wird an die Erwählung Davids erinnert. David war Hirte und bekam den Vorzug vor seinen Brüdern, die viel stattlicher – von ihrem Aussehen und ihrer Größe beurteilt – waren (1. Samuel 16,7).

Zu den Hirten wird der Engel Gottes geschickt. Sie empfangen zuerst, was für das ganze Volk bestimmt ist: die Nachricht von der Geburt des Retters, des Messias.

Auch hier begegnet der Engel den Hirten auf Augenhöhe (vgl. Adventliche Menschen – Maria, S. 30). Er nimmt ihre Furcht ernst und erklärt ihnen, dass er eine frohmachende Botschaft für sie hat (Evangelium). Ihnen wird ein Zeichen gegeben, obwohl sie es im Gegensatz zu Zacharias nicht verlangten: Ihr werdet finden das Kind in Windeln gewickelt ... (Lukas 2,12).

Der Lobgesang der Engel deutet die verkündete Botschaft weiter aus. In der Geburt des Kindes zeigt sich Gottes Herrlichkeit, die von den Engeln gepriesen wird. Für die Menschen offenbart sich darin der Friede und das Heil aus Gottes Wohlwollen (Gnade).

Die Kinder und das Thema

Auch wenn den Kindern die Lebenswelt von Hirten nicht vertraut ist, beim Krippenspiel verkleiden sie sich gerne als Hirten oder spielen Schafe. Dies greift die Erzählung in den vorgeschlagenen Mitmachelementen auf.

Sie bekommen im Laufe der Erzählung Gelegenheit, sich in die Szenerie des Lukasevangeliums hinein zu empfinden und in den Lobpreis der Engel einzustimmen. An der Krippe dürfen sie ihre persönliche Beziehung zum Jesuskind zum Ausdruck bringen. Es kommt dabei nicht auf wohlgesetzte Worte an, sondern auf die Stimme ihres Herzens. Damit werden auch die Kinder zu Verkündern der Botschaft.

In die Erzählung sind einzelne Mitmachelemente eingebaut.

Material

- grünes Legetuch
- Hirten (mehrere Figuren aus dunkelbraunem oder mangofarbenem Filz)
- Schafe (5 Stück)
- Chenilledraht für den Zaun, in dem die Schafe sind, und für das Feuer, an dem die Hirten sitzen
- Tontopf
- gelbe Sonnenstrahlen (3 Stück) und 1 gelber Filzkreis
- Engel (Figur aus gelbem Filz)
- Engelchor (3 weitere Figuren aus gelbem Filz)
- rotes Legetuch (Bethlehem)
- Maria (weibliche Figur aus königsblauem Filz)
- Josef (Figur aus rostbraunem Filz)
- Krippe aus Chenilledraht
- evtl. Stall aus Holzstäben

Mitmach-Erzählung

Die Hirten lagern mit ihrer Herde bei Bethlehem

→ *Ein grünes Legetuch ist gelegt.*

Auf den Wiesen nahe Bethlehem ist eine Schafherde.

→ *Die Kinder legen die Schafe auf das grüne Tuch.*

Die Hirten treiben ihre Schafe zusammen.
Sie errichten einen Zaun um die Schafe.

➾ *Die Kinder schieben die Schafe nahe zusammen und legen mit Chenille-Draht einen Zaun um die Schafe.*

Die Hirten wollen die Nacht hier verbringen.

➾ *Die Kinder legen die Figuren der Hirten auf das grüne Tuch.*

Die Hirten setzen sich um ein Feuer zusammen.

➾ *Aus Chenilledraht ein Feuer bilden. Die Hirten um das Feuer legen.*

Über das Feuer hängen die Hirten einen Topf mit Suppe.

➾ *Tontopf zum Feuer stellen.*

Es ist ihr Abendessen, zusammen mit knusprigem Brot. Sie sind hungrig von dem weiten Weg, den sie heute mit ihren Schafen zurückgelegt haben. Bald steigt ihnen der Geruch der Gemüsesuppe in die Nase. Der Reihe nach schöpfen sie sich aus dem großen Topf, den Samuel vom Feuer genommen hat.

➾ *Tontopf vom Feuer wegstellen.*

Während des Essens verteilen die Hirten die weiteren Aufgaben untereinander.

➾ *Die Kinder überlegen, was die Hirten an diesem Abend und in der Nacht zu tun haben: Abwaschen, Holz für das Feuer beschaffen, Nachtwachen einteilen, den Zaun nochmals überprüfen, Nachtlager vorbereiten ...*

Jonathan hat die erste Nachtwache

Jetzt wollen die Hirten schlafen. Nur Jonathan nicht. Er hat die erste Nachtwache bei den Schafen.

➛ *Einen Hirten zu den Schafen legen. Die anderen können in horizontaler Richtung an ihren Schlafplatz gelegt werden. Auch die Schafe können die Kinder zum Schlafen enger zusammenlegen.*

Während die anderen Hirten schlafen, geht Jonathan am Zaun entlang.

➛ *Den Hirten um den Zaun aus Chenilledraht führen.*

Er dreht seine erste Runde und beobachtet die Schafe.
Es ist ruhig in der Herde. Alle Schafe schlafen friedlich.
Es ist eine sternklare Nacht.
Jonathan knüpft seinen Mantel fester zu.
Es ist kalt geworden. Das warme Feuer täte Jonathan gut.
Aber bis er Elias zur Ablösung wecken kann, dauert es noch eine Weile.

Was ist das plötzlich für ein Licht?

Jonathan schaut zum Himmel hinauf.
Was ist das plötzlich für ein Licht, das am Horizont auftaucht.

➛ *An den Rand des grünen Tuchs nach und nach die gelben Strahlen im Halbkreis legen.*

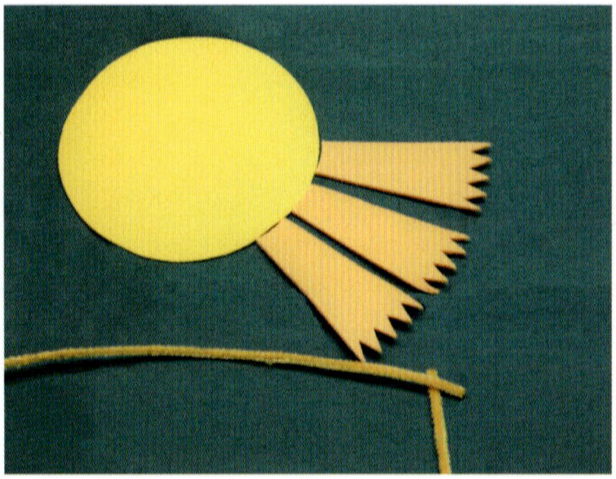

Das Licht wird immer stärker. Was hat das zu bedeuten? Bald zeigt sich ein leuchtendgelber Kreis in seiner Mitte.

➾ *Gelben Filzkreis an die Strahlen anlegen.*

Jetzt meint Jonathan auch eine leise Musik zu hören.
„Was ist nur mit mir los?“, denkt er: „Sehe ich Gespenster?“
Jonathan reibt sich seine Augen und Ohren.
Er läuft zurück zum Lager der Hirten.
Das Licht der Himmelserscheinung folgt ihm.

➾ *Den Filzkreis und die Strahlen näher zu den Hirten legen.*

Jonathan weckt Elias auf.

➾ *Jonathan zu Elias legen.*

„Elias, wach auf.“

➾ *Die Hirtenfigur senkrecht legen.*

„Ist es schon so spät. Bin ich jetzt zur Wache dran.
Ich bin doch erst vor kurzem eingeschlafen.“
„Nein, Elias, aber schau doch das Licht. Und hörst du die Musik?“
„Jonathan, habe ich geträumt oder du?“, fragt Elias, der noch nicht richtig wach ist.
„Ich habe nicht geschlafen, Elias, schau doch da drüben.“
Elias schaut in die Richtung, in die Jonathan deutet.
Jetzt sieht er es auch.
„Was ist das?“, fragt er erschrocken.
„Ich weiß es nicht“, sagt Jonathan.

Ein Engel erscheint

Dann erscheint in dem Lichtkreis plötzlich eine Gestalt.

➾ *Die Engelfigur in den gelben Kreis legen.*

Die beiden Hirten halten den Atem an.
Sie müssen ihre Hände vor die Augen halten, um nicht geblendet zu werden.

➾ *Die Kinder nehmen ebenfalls ihre Hände vor die Augen und halten einen Moment den Atem an.*

Jetzt stößt Elias einen lauten Schrei aus.
Die anderen Hirten fahren aus dem Schlaf auf.

➾ *Die Hirten aus der Horizontalen in die Senkrechte drehen.*

Die Lichtgestalt löst sich aus dem Lichtkreis und kommt auf die Hirten zu.

➾ *Den Engel in die Nähe der Hirten schieben.*

Alle sind jetzt vor Schreck aufgesprungen.

➾ *Die Kinder springen ebenfalls einmal in die Höhe.*

Alle rufen durcheinander:
„Was hat das zu bedeuten?“
„Was geschieht mit uns?“
„Was ist mit den Schafen?“
Die Schafe sind inzwischen auch aufgewacht.

➾ *Die Kinder wecken die Schafe auf und legen sie weiter auseinander.*

Sie blöken laut.

➡ *Die Kinder dürfen wie die Schafe rufen.*

Die Schafe drücken sich ganz eng zusammen.

➡ *Die Schafe werden ganz nahe zusammengeschoben.*

Sie ducken ihre Köpfe in ihr dickes Fell.

➡ *Die Kinder können ihren Kopf zwischen die Arme nehmen.*

Der Engel spricht die Hirten mit einer beruhigenden Stimme an:
„Habt keine Angst. Fürchtet euch nicht."
Die Schafe heben jetzt ihren Kopf und spitzen die Ohren.

➡ *Die Kinder heben den Kopf nach oben und legen ihre Hände wie ein Schalltrichter an die Ohren.*

Der Engel sagt: „Ich bringe euch eine gute Nachricht. Sie wird euch froh machen."
Die Hirten spüren plötzlich eine Wärme um sich, als säßen sie direkt am Feuer.
„Sie ist für alle Menschen bestimmt. Heute ist euch der Retter geboren. Jesus der Heiland in Bethlehem, der Stadt Davids, des Hirten und großen Königs."

➡ *Ein rotes Tuch für Bethlehem neben das grüne Tuch legen.*

„Und das ist das Zeichen: In einem Stall liegt das Kind in einer Futterkrippe."

➡ *Mit Holzstäben kann ein Stall gelegt werden.*

Der Chor der Engel singt Gott den Lobpreis

Um den Engel versammelt sich nun ein ganzer Chor.

→ *Weitere Engel auf die Strahlen legen.*

Der Himmel erfüllte sich mit Lobpreis: „Ehre sei Gott in der Höhe, Friede sei bei den Menschen überall auf der Erde."

So klang und sang es jetzt überall am Himmel. Die Luft war erfüllt von diesem Gesang. In diesen Lobpreis stimmen die Kinder ein:

Lied: Gloria in excelsis Deo (KuS 221, GL 168,1 – Kanon Taizé)

Die Hirten suchen das Kind

Dann waren das Licht und die Engel verschwunden.

→ *Die Engel, die Sonne und die Strahlen wegnehmen.*

Die Hirten waren voll Freude.
An Schlafen war jetzt nicht mehr zu denken in dieser Nacht.
Auch die Schafe blökten fröhlich durcheinander.

→ *Nochmals dürfen die Kinder das Blöken der Schafe nachmachen.*

Samuel fand als erster jetzt die Worte wieder. Er sagte:
„Wisst ihr was, das müssen wir uns anschauen."
„Ja, genau, lasst uns sofort aufbrechen nach Bethlehem", ruft Jonathan.

Elias sagt: „Und die Schafe nehmen wir auch mit.
Ich bin jetzt eh mit der Wache dran.“
Schnell räumen sie alles zusammen.

→ *Die Kinder überlegen, was die Hirten jetzt tun müssen.*

Die Hirten löschen das Feuer. Sie öffnen den Zaun.
Die Tiere machen sich sofort auf den Weg.

→ *Die Kinder öffnen den Zaun und ziehen die Schafe Richtung Bethlehem.*

Die Hirten folgen ihnen.

→ *Die Kinder schieben die Hirten hinter den Schafen her.*

Die Hirten schauen das Kind

Bald sind sie am Stall angekommen.
Dort sehen sie eine Futterkrippe.

→ *Die Krippe aus Chenilledraht legen.*

Darin liegt ein neugeborenes Kind, wie es der Engel gesagt hat.
Daneben stehen ein Mann und eine Frau.

→ *Maria und Josef zur Krippe legen.*

Die Hirten kommen leise näher heran.

→ *Die Hirten ganz zur Krippe hinschieben.*

Auch die Schafe suchen sich einen Platz an der Futterkrippe.
Alle schauen andächtig auf das Kind.

Lied: Zu Bethlehem geboren (EG 32, GL 239, Vers 1)
Die Frau sagt:
„Ich bin Maria, haben wir euren Stall für die Geburt unseres Kindes ausgesucht?"
Jonathan sagt: „Ich bin der Hirte Jonathan. Der Stall aber gehört uns nicht. Uns hat ein Engel zu euch geschickt."
„Er hat gesagt, wir sollen nach dem Kind schauen. Es ist der Retter", sagt Samuel.
Der Mann sagt: „Ich bin Josef und unser Kind heißt Jesus, Gott rettet."
„Dann stimmt alles, was der Engel gesagt hat. Welch eine Freude", sagt Elias.

Lied: Zu Bethlehem geboren (EG 32, GL 239, Vers 2)

Die Hirten verkünden die frohe Botschaft von der Geburt des Kindes

„Wisst ihr was", sagt Jonathan zu den anderen Hirten, „von der Geburt des Retters müssen alle Menschen in Bethlehem erfahren."
„Ach was, nicht nur in Bethlehem", meint Samuel, „überall soll diese frohe Botschaft bekannt werden."
„Ja, lasst uns aufbrechen, und allen Menschen davon erzählen", sagt auch Elias.
Die Schafe stimmen ebenfalls mit lautem Geblöke dem Aufbruch zu.

→ *Nochmals dürfen die Kinder das Blöken der Schafe nachmachen.*

Die Hirten und die Schafe verteilen sich überall und sie erzählen von dem, was in dieser Nacht geschehen ist.

➾ *Die Kinder verteilen die Hirten und Schafe auf dem Legebild.*

Alle, denen die Hirten erzählten, was sie gesehen und erlebt hatten, staunten über diese wunderbare Nachricht.

➾ *Im Kreis wird die Nachricht als Flüsterpost weitergegeben: „Jesus ist geboren!“*

Lied: Zu Bethlehem geboren (EG 32, GL 239, Vers 3)

Maria aber bewahrte und bewegte alle diese Worte in ihrem Herzen.

Mit Kindern ins Gespräch gehen

- Was wundert euch an der Geschichte?
- Was findet ihr ganz wichtig an der Geschichte?
- Stellt euch vor, ihr wärt einer der Hirten:
  Wie würdet ihr von dem erzählen, was ihr in dieser Nacht erlebt habt?
- Stellt euch vor, ihr seid ein Einwohner von Bethlehem:
  Was würdet ihr über die Hirten und ihre Erzählung denken?
- Stellt euch vor, ihr steht an der Krippe im Stall von Bethlehem:
  Was möchtet ihr dem Jesuskind sagen in dieser Nacht?

Liturgie

Gebet vor der Erzählung

Herr Jesus Christus,
heute ist der Weihnachtsabend endlich da.
Die Zeit des Wartens ist fast vorbei.
Wir hören heute die Botschaft von deiner Geburt im Stall.
Was damals geschah, das geschieht auch heute.
Du willst zu uns kommen.
Oft so unscheinbar wie damals im Stall.
Oft so leise, dass wir es kaum hören.
Lass uns jetzt aufmerksam sein.
Wir wollen dich mit Freude bei uns aufnehmen.
Danke, dass du heute zu uns kommst.
Alle: Amen.

Gebet nach der Erzählung

Gott unser Vater,
wie Maria wollen wir die frohe Botschaft aufnehmen:
Uns ist heute der Retter geboren, Jesus.
Von ihm wollen wir uns beschenken lassen mit deiner Liebe.
Diese Weihnachtsfreude wollen wir in unserem Herzen bewahren.
Diese Weihnachtsfreude wollen wir unter uns wachhalten.
Diese Weihnachtsfreude wollen wir weitergeben, an alle die uns begegnen.
Dazu schenke uns deinen Segen.
Alle: Amen.

Lied: Ist das denn wahr?

Text und Melodie: Frank Widmann

Die Sterndeuter

Matthäus 2,1-12

Zum Text

Im Matthäusevangelium kommen Sterndeuter aus dem Osten nach Jerusalem. Sie fragen nach dem neugeborenen König, dessen Stern sie aufgehen sahen. Sie haben einen Stern bei seinem Ersterscheinen gesehen und dies auf die Geburt eines besonderen Königs in Judäa gedeutet. Deshalb lag es für sie nahe, im Königspalast in Jerusalem nach ihm zu fragen.

Mit der Erzählung von den Sterndeutern erinnert der Evangelist seine Hörer:innen an das Bileam-Orakel in 4. Mose/Numeri 22-24. Der heidnische Seher kann dort nicht anders, als Israel zu segnen, statt es zu verfluchen. Bileam spricht die Weissagung: „Es wird ein Stern aus Jakob aufgehen und ein Zepter aus Israel aufkommen …“ (4. Mose/Numeri 24,17). Dieses Wort wurde im Judentum auf den Messias gedeutet. Für den Evangelisten geht diese alte Weissagung nun in Erfüllung.

Nicht ein besonderes Naturereignis will die Erzählung also beschreiben, sondern es geht darum, dass Jesus der erwartete Messias ist. Doch weder Herodes, noch ganz Jerusalem, erkennen dies. Sie geraten in Schrecken, obwohl sie die Deutung aus der Glaubenstradition Israels kennen: „Und du, Bethlehem, die du klein bist unter den Städten in Juda, aus dir wird kommen der Fürst, der mein Volk Israel weiden soll“ (nach Matthäus 2,6 / nach Micha 5,1.3).

Der Geburtsort Bethlehem ist der Beweis dafür, dass Jesus der Friedenskönig für Israel, der Messias, ist. Wie einst David wird er sein Volk auf gute Weise führen.

Als die Sterndeuter mit dieser Information nach Bethlehem aufbrechen, steht der Stern, den sie gesehen hatten, vor Ihnen. Er führt sie direkt zum Kind. Hier wird der Ort nicht als Krippe im Stall vorgestellt, sondern als Haus, in dem Maria mit dem neugeborenen Jesus wohnt.

Die Geschenke sind Huldigungsgaben für den messianischen Friedenskönig. Die Sterndeuter repräsentieren die Völker, die in der messianischen Endzeiterwartung zum Zion ziehen werden (Jesaja 60,5-6).

Der Kindermord in Bethlehem wird in der Erzählung schon vorbereitet. Herodes versucht, die Sterndeuter wieder zu sich zu locken. Doch sie werden im Traum gewarnt und ziehen daher auf einem anderen Weg heim in ihr Land.

Die Kinder und das Thema

Sterne haben für Kinder eine große Faszination. Ihre Vielzahl und ihr Licht regen zum Staunen an. Das gilt auch dann, wenn wir nicht voraussetzen können, dass alle schon Gelegenheit hatten, den Nachthimmel ohne die Beleuchtung in unseren Städten und Häusern richtig zu beobachten.

Die Sterndeuter lassen alles zurück und folgen diesem einen Stern. Die Kinder werden dies selbstverständlicher als sinnvolles Verhalten annehmen, wie wir Erwachsenen. Das Gespräch nach der Erzählung versucht, über die Einfühlung in die Bewohner von Jerusalem das Besondere an der Entscheidung der Sterndeuter herauszustellen.

An der Krippe dürfen die Kinder wie bei der Erzählung „Weihnachtsmenschen – die Hirten" ihre persönliche Beziehung zum Jesuskind zum Ausdruck bringen.
Das Mitmachen der Kinder wird in der Erzählung durch Klanginstrumente gestaltet.

Material

- Gelbes, blaues und rotes Legetuch
- drei Sterndeuter (Figuren aus königsblauem oder mangofarbenem Filz (wie im Bild nebenan))
- drei Kamele
- gelber Filzkreis mit Sonnenstrahlen als Stern
- braune Filzstreifen
- Herodes (Figur aus bordeauxfarbenem Filz)
- Tisch aus Filz
- Maria (weibliche Figur aus königsblauem Filz)
- Josef (Figur aus rostbraunem Filz)
- Krippe aus Chenilledraht
- Jesuskind (Flauschfeder mit Glasnugget als Kopf, vorher die Feder auf das Glasnugget kleben)
- Haus aus Holzstäben

Klang-Erzählung mit Legegestaltung

Es liegen viele verschiedene Instrumente bereit. Dies können sowohl Rhythmusinstrumente als auch geeignete Gegenstände aus dem Haushalt sein. Jedes Kind wählt ein Instrument aus, das es beim Erzählen der Geschichte übernehmen möchte. Jedem Schlüsselwort in der Geschichte weisen die Kinder ein Instrument zu und probieren seinen Klang aus.
Schlüsselbegriffe sind (in der Erzählung fett gedruckt): ***Himmel, Stern, Sterndeuter, Kamel(e), Königskind, Herodes, Weg, Ziel.***
Zunächst wird die Geschichte nur als Legebild erzählt. Die Kinder können dabei schon darauf achten, wann der Schlüsselbegriff, der zu ihrem Instrument gehört, vorkommt.

Dann wird die Geschichte ein zweites Mal erzählt. Wird der Schlüsselbegriff genannt, setzt das entsprechende Kind sein Instrument ein. Die Geschichte wird so langsam erzählt, dass die Kinder Zeit haben für den Einsatz ihres Instruments.

Der Weg durch die Wüste

→ *Ein gelbes Legetuch wird ausgelegt.*

Eine große, gelbe Sandfläche ist zu sehen, sonst nichts.
Ein Sandsturm hat den Weg durch die **Wüste** völlig zugedeckt.

→ *Ersten Sterndeuter mit seinem Kamel legen.*

„Ich kann den Weg nicht finden!", ruft der **Sterndeuter** auf dem ersten **Kamel**. „Der **Himmel** weiß, wie wir jemals unser **Ziel** finden sollen."

→ *Zweiten Sterndeuter mit seinem Kamel legen.*

„Wenn es so weitergeht, dann kommen wir nie bei unserem **Königskind** an", klagt der **Sterndeuter** auf dem zweiten **Kamel**.

→ *Blaues Legetuch kleiner gefaltet oberhalb des gelben Tuchs legen. Darauf den gelben Filzkreis mit einem Sonnenstrahl als Schweif legen.*

„Da seht mal, der **Himmel** reißt auf. Ich kann den **Stern** wiedersehen!", jubelt plötzlich der dritte **Sterndeuter** und treibt sein **Kamel** an. „Wir müssen nur immer dem **Stern** folgen, dann können wir den **Weg** nicht verfehlen!"

→ *Das blaue Tuch mit dem Stern über das gelbe Tuch hinausschieben und darunter die braunen Filzstreifen auslegen.*

Und richtig: Der **Stern** zeigt oben am Himmel den Männern den **Weg** zum **Königskind**.

So führt der **Stern** die **Sterndeuter** aus der Wüste heraus, in das Land Judäa.

➾ *Rotes Legetuch an der anderen Seite der braunen Filzstreifen anlegen. Das blaue Tuch mit dem Stern bleibt über den Filzstreifen liegen.*

Bei König Herodes

Die Hauptstadt dieses Landes ist Jerusalem.

➾ *Die Sterndeuter und ihre Kamele an den Rand des roten Tuchs legen.*

In Jerusalem herrscht König **Herodes**.

➾ *Figur des Herodes in die Mitte des roten Tuchs legen.*

Sicher ist bei ihm das **Königskind** geboren. Die **Sterndeuter** achten gar nicht mehr auf den **Stern**. Denn nur in einem Palast kann ein **Königskind** geboren sein, da sind sich die drei **Sterndeuter** sicher.

➾ *Die Sterndeuter zu Herodes schieben. Die Kamele bleiben etwas abseits davon zurück.*

So treiben die **Sterndeuter** ihre **Kamele** an, um rasch zum Palast von König **Herodes** zu kommen. Sie binden ihre **Kamele** fest und bitten um eine Audienz bei König **Herodes**. „Was führt euch in mein Land?", fragt Herodes neugierig die **Sterndeuter**.
„Wir haben einen neuen **Stern** aufgehen sehen", erklärt der erste **Sterndeuter**.
„Der **Stern** zeigt die Geburt eines **Königskindes** in Ihrem Land an", sagt der zweite **Sterndeuter**.
„Wir sind den weiten **Weg** durch die Wüste gezogen, um dem neugeborenen **Königskind** zu huldigen", sagt der dritte **Sterndeuter**. „Wir hoffen, bei euch am **Ziel** unseres **Weges** zu sein."
Herodes fängt an zu lachen: „Da irren Sie sich, verehrte **Sterndeuter**. Hier ist kein **Königskind** geboren. In diesem Land bin ich der einzige König."
Aber König **Herodes** ist misstrauisch. Er weiß, dass er in Judäa nicht beliebt ist. Er muss sicher sein, dass ihm niemand den Thron streitig macht.
„Ich werde meine Gelehrten fragen", sagt **Herodes** zu den **Sterndeutern**. „Sicher können die euch weiterhelfen, an einem anderen Ort zu suchen. Inzwischen bitte ich euch, verehrte **Sterndeuter**, meine Gäste zu sein. Sobald ich Nachricht habe, komme ich zurück."

➾ *Herodesfigur wegnehmen und Tisch aus Filz zu den Sterndeutern legen.*

Einige Zeit später kommt **Herodes** wieder.
„Es gibt in unseren Schriften Belege, dass Bethlehem der Ort ist, wo ein **Königskind** geboren werden soll. Darauf haben meine Berater mich hingewiesen. Es soll ein Herrscher sein, der Gerechtigkeit und Frieden bringt. Das glauben zumindest die Leute."
„Dann müssen wir nach Bethlehem ziehen", sagt der erste **Sterndeuter.**
„Ich bitte euch darum, diese Geschichte zu überprüfen. Ihr tut mir einen großen Gefallen damit", sagt **Herodes**, „Schließlich muss man sich als regierender König frühzeitig mit seiner Konkurrenz gutstellen."

Doch König **Herodes** lacht dabei etwas zu auffällig.
„Ihr fürchtet euch vor dem **Königskind**?“, fragt deshalb der zweite **Sterndeuter**.
„Nein“, heuchelt **Herodes**, „ganz und gar nicht“.
„Wenn das mit der Geburt des **Königskindes** stimmt, dann will ich ihm rechtzeitig den Weg zum Thron vorbereiten.“
Die **Sterndeuter** merken, dass die Freundlichkeit des **Herodes** nicht echt ist.
„Wenn ihr am Ziel seid und das **Königskind** gefunden habt, dann kommt nochmals hier vorbei und berichtet mir. Dann will auch ich mich auf den **Weg** machen, um dem Königskind zu huldigen.“

Auf dem Weg nach Bethlehem

Die **Sterndeuter** holen rasch ihre **Kamele** und verlassen Jerusalem.

➙ *Sterndeuter und Kamele wieder auf die braunen Filzstreifen legen.*

„König **Herodes** meint es nicht ehrlich“, sagt der erste **Sterndeuter**.
„**Herodes** fürchtet das **Königskind**, auch wenn er es abgestritten hat“, sagt der zweite **Sterndeuter**.
„Der **Stern**! Der **Stern**!“, ruft der dritte **Sterndeuter.**
Tatsächlich, außerhalb der Stadt steht der **Stern** noch immer am Himmel. Sie hatten ihn nur völlig aus den Augen verloren. Das Ziel ist Bethlehem, der **Weg** dahin nicht weit.

➙ *Die braunen Filzstreifen mit den Sterndeutern und das blaue Tuch mit dem Stern von der Seite wegdrehen, bis es am unteren Eck des roten Legetuchs liegt. Dann ein grünes Legetuch anlegen und die Sterndeuter mit ihren Kamelen auf das Tuch schieben.*

In Bethlehem finden sie das Königskind

Bereits am Abend kommen die **Sterndeuter** in Bethlehem an. Der **Stern** ist mit ihnen mitgewandert. Er leuchtet über ihrem Weg bis zu einem kleinen Haus.

➔ *Das blaue Tuch mit dem Stern verschieben, bis es über dem grünen Tuch liegt. Aus Holzstäben ein Haus legen.*

Dort bleibt der **Stern** stehen. „Er steht genau über diesem Haus am Himmel", sagt der erste **Sterndeuter.** „Unser **Weg** ist wohl zu Ende", sagt der zweite **Sterndeuter**. „Wir sind am Ziel", sagt der dritte **Sterndeuter**.

➔ *Die Sterndeuter und ihre Kamele zum Haus schieben.*

Die **Sterndeuter** steigen von ihren **Kamelen**. Sie klopfen an die Tür des Hauses.

➔ *Die rostbraune Filzfigur für Josef in die Öffnung stellen.*

Der erste **Sterndeuter** sagt:
„Wir suchen das neugeborene **Königskind**."
Josef öffnet die Tür des Hauses.
Der zweite **Sterndeuter** sagt: „Wir haben einen weiten **Weg** zurückgelegt."
Der dritte **Sterndeuter** sagt: „Über eurem Haus steht der **Stern**, dem wir gefolgt sind, am **Himmel**. Hier muss das **Königskind** geboren sein."

➔ *Maria und die Krippe aus Chenilledraht in das Haus legen.*

Josef freut sich und sagt: „Kommt herein. Maria und ich freuen uns sehr. Uns ist ein Kind geboren, ein richtiges **Königskind** ist es für uns."

→ *Das Jesuskind auf die Krippe legen. Josef und die Sterndeuter um die Krippe herumlegen.*

(Als Legebild weitergestaltet nach einer Erzählung von Thomas Gerber in: Evangelische Kinderkirche, Zeitschrift für Mitarbeiterinnen und Mitarbeiter im Kindergottesdienst 4-2018, S. 472f., Verlag Junge Gemeinde, junge-gemeinde.de)

Lied: Ich steh an deiner Krippen hier
(EG 37, GL 236, Strophen 1-2.4)

Mit Kindern ins Gespräch gehen

- Was wundert euch an der Geschichte?
- Was findet ihr ganz wichtig an der Geschichte?
- Stellt euch vor, ihr seid ein Einwohner von Jerusalem: Was würdet ihr denken, wenn ihr von dem Königskind hört, das die Sterndeuter suchen?
- Stellt euch vor, ihr wärt Maria: Wie würdet ihr von dem Besuch der Sterndeuter erzählen?
- Stellt euch vor, ihr steht an der Krippe: Was möchtet ihr dem Jesuskind sagen in dieser Nacht?

Sternsucherspiel

Die Sterndeuter haben es nicht leicht, auf ihrer Reise dem Stern zu folgen. Dazwischen verlieren sie ihn aus dem Blick.
Drei Freiwillige sind die Sterndeuter. Sie verlassen den Raum und bekommen je zwei leere Küchenpapierrollen o. Ä. als „Fernglas“, die aber ihr Gesichtsfeld einschränken.
Die anderen Kinder verstecken einen Lebkuchenstern im Raum. Die Sterndeuter werden wieder in den Raum geholt. Sie haben die „Ferngläser“ auf ihren Augen.
Die Kinder feuern die Sterndeuter lautstark an, während diese mit den Küchenpapierrollen ihren Stern suchen.
Wer ihn gefunden hat, darf ihn aufessen. Es wird so lange gespielt, bis alle einmal Sterndeuter waren. Wer keinen Stern gefunden hat, bekommt seinen nach dem Spiel.

(Thomas Gerber, in: Evangelische Kinderkirche, Zeitschrift für Mitarbeiterinnen und Mitarbeiter im Kindergottesdienst 4-2018, S. 469., Verlag Junge Gemeinde, junge-gemeinde.de)

Liturgie

Gebet vor der Erzählung

Herr Jesus Christus,
heute ist endlich Weihnachten.
Wir hören wieder die Botschaft von deiner Geburt in Bethlehem.
Was damals geschah, das geschieht auch heute.
Du kommst zu uns.
Manchmal finden wir dich nicht dort,
wo wir dich vermuten.
Manchmal müssen wir dich suchen.

Aber du bist da.
Öffne unsere Augen, dass wir die Zeichen sehen,
die auf deine Gegenwart hinweisen.
Alle: Amen.

Gebet nach der Erzählung

Gott unser Vater,
du hast uns heute mit den Sterndeutern den Weg zur Krippe geführt.
Ihr Weg ist ein Bild für unseren Lebensweg.
Wir sind auf der Suche nach dir.
Manchmal sehen wir das Licht und unser Weg liegt klar vor uns.
Manchmal aber ist es dunkel.
Es gelingt uns nicht mehr, unsere Augen nach oben zu heben.
Wir kommen vom Weg ab oder wir lassen uns blenden
von Reichtum und Macht.
Wir suchen nach dir und können dich nicht finden.
Schicke uns dann einen Stern voraus, der uns auf den rechten Weg weist.
Weise uns hin auf dein göttliches Wort, das in Jesus unter uns erschienen ist.
Er ist der Weg, die Wahrheit und das Leben.
Auf ihm gehen, heißt, ans Ziel kommen bei dir, Vater.
Dazu gib uns deinen Segen.
Alle: Amen.

Simeon und Hanna

Lukas 2,22-38

Zum Text

Anlass für diese Erzählung im Lukasevangelium ist einerseits die für jede Frau 40 Tage nach der Entbindung vorgeschriebene Reinigung (3. Mose/Levitikus 12,2-8). Andererseits wird im Text auch darauf verwiesen, dass jede männliche Erstgeburt Gott gehören soll (2. Mose/Exodus 13,2). Das Opfer, das Maria und Josef darbringen, soll den Erstgeborenen aus dieser Verpflichtung auslösen.

Da beide arm sind, bringen Maria und Josef statt dem eigentlich vorgeschriebenen Schaf als Opfertier ein Paar Tauben als Opfergabe mit.

Die Darstellung Jesu im Tempel zeigt bereits an, dass das Haus Gottes der eigentliche Ort ist, an den Jesus hingehört. Mit der Erzählung über den 12-Jährigen im Tempel wird dieser Gedanke fortgeführt. Die Tempelreinigung (Lukas 19,45-48) zeigt ebenfalls diese Verbindung zum Haus seines Vaters, für das Jesus Verantwortung trägt.

Simeon wird als gerechter Israelit vorgestellt, der schon lange auf den verheißenen Messias wartet. Er lässt sich vom Geist Gottes führen und darf das Licht für alle Völker schauen in dem Kind, das seine Eltern in den Tempel bringen. Jesus wird in den prophetischen Worten Simeons nicht nur als der Erwählte Israels vorgestellt. Es wird auch Jesu Bedeutung für alle Völker hervorgehoben. Er ist ein Licht für die Heiden.

Doch wird Jesus auch der sein, an dem sich die Geister scheiden. Maria selbst wird von dieser Scheidung betroffen sein. Sie wird durch ihren persönlichen Schmerz den Widerspruch, den Jesus erfährt, auch am eigenen Leib erleben. Vor allem die religiöse Kunst hat diesen Schmerz Marias unter dem Kreuz dargestellt und vielfältig ausgestaltet (Schmerzensmutter, Pietà).

Hanna wird als gottesfürchtige Prophetin dargestellt. Seit sie verwitwet ist, dient sie dem Herrn im Tempel. Sie fastet und betet. Ihr Zeugnis wird nicht wörtlich wiedergegeben. Es richtet sich aber an alle, die den Messias erwarten, und bezeugt, dass sich die Verheißungen Gottes an sein Volk in Jesus erfüllt haben.

Lukas möchte durch diese Erzählung für fromme Israeliten glaubhaft machen, dass Jesus der erwartete Retter für Israel und für alle Völker ist, obwohl auch viele an ihm irre werden und zu Fall kommen. Dies kann man allerdings nur erkennen, wenn man sich vom Geist Gottes führen lässt.

Auch wir möchten in unserem Leben oft etwas Sehen und Spüren von Gott. Aber auch wenn wir darauf warten, zeigt sich Gott uns nicht immer in erkennbarer Weise. Simeon und Hanna haben ebenfalls nichts Besonderes gesehen. Nur einen Mann und eine Frau mit einem Kind. Sie bringen es, um es – wie üblich – von Gott loszukaufen mit einem Opfer. Das geschah dort vielfach. Es gab nichts Spektakuläres zu sehen. Aber Simeon nimmt gerade dieses Kind auf seinen Arm und sieht darin die Erfüllung all dessen, was er in seinem Leben erhofft und ersehnt hat.

Das Kleine, Alltägliche als das von Gott Gewirkte erkennen, und ihn dafür loben und preisen, dazu kann uns die Erzählung hinführen.

Die Kinder und das Thema

Die Hintergründe der Lukaserzählung sind den Kindern fremd. Sie müssen ihnen hier auch nicht vermittelt werden, wie es unter „Zum Text“ dargelegt ist. Das Gespräch der beiden Priester, die in die Erzählung eingeführt wurden, bringt das notwendige Wissen zur Sprache. Die Erzählung macht die Auseinandersetzung um die Frage „Wer ist denn dieser Jesus?“ deutlich.

Bei älteren Kindern kann man einbringen, dass in dieser Begegnung im Tempel diese Frage aus dem Leben des erwachsenen Jesus vorweggenommen ist. Sie kann dazu führen, sich zu fragen: Wer ist Jesus für mich?

Die vorgeschlagenen Texte für die Liturgie versuchen, diese Brücke zwischen der Erzählung und unserem Bekenntnis zu Jesus zu schlagen.

Material

- gelbes Legetuch
- Simeon (Figur aus grünem Filz)
- Hanna (weibliche Figur aus grünem Filz)
- Maria (weibliche Figur aus königsblauem Filz)
- Josef (Figur aus rostbraunem Filz)
- Weitere Personen im Tempel (Figuren aus mangofarbenem Filz)
- Priester im Tempel (Figuren aus rotem Filz)
- Jesuskind (Flauschfeder mit Glasnugget als Kopf, vorher die Feder auf das Glasnugget kleben)

Erzählung

Zwei Priester im Tempel

Ein gelbes Legetuch wird ausgebreitet. Zwei Priester werden am Rand gelegt.

Zwei Priester betreten den Tempel. Es sind Baruch und Natanael. Baruch ist Priester am Tempel hier. Natanael kommt aus dem Norden. Er ist zum ersten Mal in Jerusalem.
„Es ist ganz schön was los heute“, sagt Baruch zu Natanael.

Weitere Personen werden auf das Tuch gelegt.

„‚Wie lieb sind mir deine Wohnungen, Herr Zebaoth!‘, sagt der Psalmbeter. Ich freue mich, dass die Menschen Sehnsucht nach Gott haben“, erwidert ihm Natanael.
Baruch erklärt ihm: „Es sind auch einige Stammgäste hier.“

Figur des Simeon legen.

„Schau da drüben ist Simeon. Ich kenne ihn schon lange. Er erwartet den Messias, den Retter unseres Volkes, schon viele Jahre.“
„Na, ob er das noch erleben wird? Dieser Simeon scheint ja schon recht alt zu sein.“

„Da hast du recht. Außerdem weiß ich nicht, wie er den Messias erkennen will, wenn er denn kommt?“, sagt Baruch.

➾ *Die beiden Priester näher zu der Figur des Simeon schieben.*

„Ja, es sind sich nicht alle einig, wie man sich den Messias vorstellen soll.“
„Die einen sagen, er wird die Römer verjagen und uns die Freiheit bringen.“
„Andere sagen, er wird ein Priester sein wie wir oder ein neuer König.“
„‚Das Volk, das im Finstern wandelt, sieht ein großes Licht‘, heißt es beim Propheten Jesaja. Aber sehr konkret ist das mit dem Licht auch nicht gerade.“

Die Priester beobachten Simeon und Hanna

Während sich die beiden Priester so über die Vorstellungen vom Messias, unterhalten, kommen sie bei Simeon vorbei. Sie hören sein Gebet.

➾ *Die Priester zur Figur des Simeon schieben.*

„Groß ist der Herr und hoch zu rühmen in der Stadt unseres Gottes, auf seinem heiligen Berge. Schön ragt empor der Berg Zion, daran freut sich die ganze Welt. Gottes Stadt ist Zion, er wird sie ewig erhalten. An deine Treue denke ich in deinem Tempel hier. Wie dein Name, so soll auch dein Ruhm reichen bis an die Grenzen der Erde.“

Im Weitergehen werden die beiden Priester noch auf eine weitere fromme Person im Tempel aufmerksam.

→ *Die Priester weiterschieben. Figur der Hanna legen.*

„Wer ist denn diese fromme Frau dort vorne?", fragt Natanael.
„Das ist Hanna. Sie betet und fastet viel und ist täglich hier im Tempel", erklärt ihm Baruch. „Sie ist schon viele Jahre Witwe."

Und das soll der Messias sein?

→ *Die Figuren von Maria und Josef legen.*

Da kommen zwei neue Besucher in den Tempel herein. Es sind Maria und Josef. Sie wollen ihr neugeborenes Kind Gott weihen, wie es bei ihnen Brauch ist.

→ *Jesuskind dazulegen.*

Die beiden Priester sehen, wie sich Simeon auf den Weg zu den beiden macht.
Ob die sich kennen?
Da nimmt Simeon das Kind auf seine Arme und beginnt laut Gott zu loben:
„Herr, nun kann ich, dein Diener, in Frieden sterben. So lange warte ich schon auf diese Begegnung. Jetzt habe ich endlich mit meinen eigenen Augen den Retter Israels gesehen."

Baruch schüttelt den Kopf: „Ist Simeon jetzt völlig übergeschnappt? Auch wenn er Stammgast im Tempel ist, darf er noch lange keinen Aufruhr hier machen. Es ist ein Baby wie jedes andere. Und Simeon redet vom Messias."
Natanael sagt: „Klar, jede Frau in Israel wäre gerne die Mutter des Messias. Aber bei diesem Neugeborenen handelt es sich sicher nicht um den künftigen Retter Israels. Seine Eltern sind offensichtlich arme Leute. Sie haben nicht einmal ein Schaf für das Opfer dabei. Aus vornehmem Haus ist das Kind also nicht."
Simeon wiegt weiter das Kind in seinem Arm und hat nun auch zu tanzen begonnen: „Dieses Kind wird ein Licht sein nicht nur für unser Volk, sondern für alle Völker auf dieser Welt."
Dann segnet Simeon die Mutter des Kindes und sagt: „Nicht alle werden erkennen, was mich der Geist des Herrn in diesem Kind erkennen ließ. Viele wird euer Sohn zum Widerspruch reizen. Für manche wird er zum Anstoß werden. Das wird auch an dir, seiner Mutter, nicht spurlos vorübergehen. Ein Schwert wird durch deine Seele dringen."
Natanael sagt zu Baruch spöttisch: „Da erlebe ich ja jetzt wirklich etwas Besonderes. Ein Prophet tritt mit diesem Simeon hier im Tempel auf."
Baruch ist besorgt und verärgert: „Das wächst sich zu einem Skandal aus. Schau, jetzt kommt auch diese Witwe noch dazu."

➔ *Figur der Hanna zu Maria, Josef und Simeon legen.*

Tatsächlich ist inzwischen auch Hanna neben Simeon getreten. Auch andere Tempelbesucherinnen und -besucher sind dort zusammengelaufen.

➔ *Die verschiedenen Tempelbesucher dazulegen. Jesuskind wieder zu Maria legen.*

Hanna beginnt ebenfalls Gott für dieses Kind zu loben und sie bestätigt die Worte Simeons: „Großes wird aus diesem Kind werden. Das Heil Israels ist unter uns erschienen."

Die Priester greifen ein

Jetzt ist für die beiden Priester endgültig der Moment gekommen, um dem Tumult Einhalt zu gebieten. Sie eilen dazu und stellen Simeon und Hanna zur Rede. Den Leuten sagen sie:

„Macht keinen Aufruhr. Ihr seid im Tempel, dem Haus Gottes. Geht auseinander." So drängen sie die Gruppe weg.

➔ *Die Figuren Simeon, Hanna und Besucher in verschiedene Richtungen verteilen.*

Baruch spricht Josef an und sagt: „Ihr wollt euer Kind Gott darbringen. Dann folgt mir und haltet euch an die Regeln hier."

Maria und Josef folgen den beiden Priestern ohne Widerrede. Aber in ihrem Herzen bewahren sie sich die Worte von Simeon und Hanna: Das Heil Israels ist unter uns erschienen. Dieses Kind wird ein Licht sein für alle Völker.

Mit Kindern ins Gespräch gehen

- Was wundert euch an der Geschichte?
- Was findet ihr ganz wichtig an der Geschichte?
- Stellt euch vor, ihr wärt unter den Tempelbesuchern:
  Wie würdet ihr eurem Nachbarn zu Hause erzählen, was ihr im Tempel erlebt habt?

Liturgie

Gebet vor der Erzählung

Gott, unser Vater,
vor einigen Tagen haben wir Weihnachten gefeiert.
Du hast uns deinen Sohn, Jesus, in unsere Welt geschickt.
Er ist Kind geworden wie wir. Erst war er ein kleines Baby
und dann auch mal genau so alt wie wir jetzt sind.
Das ist wunderbar, aber auch irgendwie unglaublich.
Wie das damals für die Menschen war,
das wollen wir heute miteinander erleben.
Danke für das tolle Geschenk, das du uns mit Jesus als Kind gemacht hast.
Alle: Amen.

Gebet nach der Erzählung

Gott unser Vater,
dein Geist hat Simeon und Hanna erkennen lassen,
wer da vor ihnen im Tempel erschien.
Sie erkannten, wer Jesus ist, obwohl er noch ein kleines Baby war.
Zeige du uns auch heute durch deinen Heiligen Geist,
wo wir Jesus entdecken und finden können.
Denn du bist oft viel näher da, als wir denken.
Du begegnest uns in den Gesichtern von Menschen,
an denen wir achtlos vorübergehen.
Du begegnest uns in Augenblicken unseres Lebens,
deren Kostbarkeit wir oft erst hinterher erkennen.
Du begegnest uns in Dingen, die wir für selbstverständlich halten
und deshalb gar nicht mehr wertschätzen.
Öffne uns den Blick für deine verborgene Gegenwart.
Schenke uns deinen Heiligen Geist,
wie du ihn Simeon und Hanna geschenkt hast.
Alle: Amen.

Lied: Ich steh an deiner Krippen hier (EG 37, GL 256)

Mit den Kindern Dank-, Staun- und Lobgebete schreiben

Simeon kann uns daran erinnern, dass auch wir für Vieles dankbar sein können.
Trotz allem, was uns auch belastet und dunkel war in unserem Leben,
gibt es auch viel Schönes und Kostbares,
für das wir danken können.

Auf kleine Kärtchen können wir Dank-, Staun- und Lobgebete schreiben:
„Gott, wenn ich an das vergangene Weihnachtsfest (Jahr) denke,
dann fällt mir vieles ein, worüber ich mich freuen kann,

wofür ich dankbar bin und staune. Ich denke an ...
... und will dir dafür danken."

Lobgesang

Nach Motiven aus dem Lobpreis des Simeon in Lukas 2,29-32

Sei die Sonne, die uns wärmt, wenn es hell ist.
Sei der Stern, der uns leuchtet, wenn es dunkel ist.

Gott, du bist Mensch geworden und hast unter uns gelebt.
Blinde konnten sehen und Lahme gehen,
Menschen fingen an zu teilen.
Dein Reich begann mit solchen kleinen Zeichen.

Sei die Sonne, die uns wärmt, wenn es hell ist.
Sei der Stern, der uns leuchtet, wenn es dunkel ist.

Ein kleines Samenkorn wächst zu einem großen Baum.
Mit einem kleinen Kind beginnt dein Traum einer neuen Welt,
in der die Menschen einander lieben,
in der Friede herrscht statt Gewalt und Krieg.

Sei die Sonne, die uns wärmt, wenn es hell ist.
Sei der Stern, der uns leuchtet, wenn es dunkel ist.

Ein Licht leuchtet in der Dunkelheit unserer Welt: Jesus.
Seine Worte und Taten sind die Wegweiser für unser Leben.

Ihm wollen wir uns anvertrauen. Dann wird unser Leben gelingen.
Darauf können wir uns verlassen.

Sei die Sonne, die uns wärmt, wenn es hell ist.
Sei der Stern, der uns leuchtet, wenn es dunkel ist.

Nichts braucht uns Angst zu machen und nichts zu erschrecken,
wenn dein Licht uns leuchtet,
wird am Ende unserer Tage alles gut.
Wir werden zu dir, Vater, nach Hause finden.

Lied: Nun stehe ich noch immer hier

(nach der Melodie von: Ich steh an deiner Krippen hier; EG 37, GL 256)

1. Die Welt schmückt sich zur Weihnachtszeit
mit Sternen und mit Kerzen
inmitten aller Regsamkeit
frag ich mit bangem Herzen:
Wenn Du, mein Gott, von Anfang an
mich suchst, wie stellst du das nur an?
Wirst du mich hier noch finden?

2. Möcht' hören über Bethlehem
und häng an deinen Lippen,
im Sessel hört es sich bequem
vom Stall und von der Krippen.
Doch zornig steh ich manchmal auf,
zu langsam scheint der Zeiten Lauf
zum Bess'ren sich zu wenden.

3. Der Kinder Glauben habe ich
nun lange schon verloren,
und doch, Gott kommst du heut' zu mir,
als kleines Kind geboren.
O könnte darin Zukunft sein,
ganz tief im Herzen Kind zu sein,
und doch erwachsen werden.

4. Gar seltsam angerührt steh ich
und sehne mich nach Leben,
nach Himmelszelt und tiefem Meer,
nach Nehmen und nach Geben.
Abgrundtief weit weg scheint die Zeit,
ein Bild, so voller Zärtlichkeit,
das mich ganz tief ergriffen.

5. Nun stehe ich noch immer hier
und will noch gar nicht gehen,
inmitten meines Lebens Wirrwarr
möcht' das Kind ich sehen.
Wenn mir im Herzen tief und bang,
weil unter mir der Boden schwankt,
bleibst du doch meine Hoffnung.

Text: Ulrich Walter, Musik: J.S. Bach

Bibel-Erzähltasche

Alles, was zum anschaulichen Erzählen im Kindergottesdienst oder bei Bibeltagen gebraucht wird, in einer schönen Filztasche. Dazu gehören ein Satz Legetücher, eine Auswahl Biegepuppen, Holzkegelfiguren, Schafe, ein Brunnen, ein Boot, ein Netz, Holzstäbe und kleine Häuser, Filzmaterial, Kordeln in verschiedenen Farben, Pfeifenputzerdraht. Die Legematerialien sind abgestimmt auf eine Spielfigurenhöhe von 12-15 cm. Mitgeliefert wird auch das umfangreiche Anleitungsbuch „Biblische Geschichten mit Legematerial“. Darin zeigen fotografische Schritt-für-Schritt-Anleitungen und methodische Hinweise, wie mit dem Material der Bibel-Erzähltasche gearbeitet werden kann.

Preisvorteil:
Beim Kauf der Erzähltasche sparen Sie gegenüber dem Wert der Einzelteile ca. 32,– Euro

Altersempfehlung: ab 4 Jahre
Bestellnummer: S9012 auf junge-gemeinde.de
Bestellnummer: 51611 auf donbosco-medien.de

Biblische Geschichten
mit Legematerial erzählen

Zu 13 alt- und neutestamentlichen Texten bietet das Praxisbuch fotografische Schritt-für-Schritt-Anregungen zur Arbeit mit Legematerialien, weiterführende spielerische und kreative Vertiefungen, Gesprächsimpulse für das „Theologisieren mit Kindern“ sowie Hinweise zur Relevanz der Geschichte für die Lebenswelt der Kinder.

Die Methode wird in Kitas, Grundschulen, Kindergottesdiensten und in der Familienkirche eingesetzt.

Aus dem Inhalt:

- Adam und Eva,
- Abraham,
- Hagar,
- Mose,
- Bartimäus,
- Ostern,
- Weihnachten
- und verschiedene Gleichnisse.

Altersempfehlung: 4 bis 10 Jahre
ISBN: 978-3779721345 oder 978-3769824278
128 Seiten, kartoniert, Format 17,5 x 19,5 cm, vierfarbig

Infos über den Autor

Peter Hitzelberger, geboren 1954, verheiratet, drei erwachsene Kinder, zwei Enkel. Kath. Theologe, ehemaliger Lektor im Verlag Junge Gemeinde; ehrenamtlich in seiner Kirchengemeinde tätig, insbesondere im Kindergottesdienst.